献立作りの「小さなくふう」

足立洋子

はじめに

台所仕事に終わりはありません。
生きている限りずっと続くお仕事です。
それなら、楽しんで、ラクをして、おいしいものが食べたいですね！

ラクをする＝手抜きではないのです。
ラクをするためには、「小さなくふう」をせっせと積み上げていく、
生活の知恵が必要です。

小さなくふうは、
自分の生活としっかり向き合えば、
日々の台所仕事で自然と身についていきます。

小さなくふうの一つひとつは、
たとえば、ごはんを小分けに冷凍するとか、おかずの素を作っておくなど、
なんてことのない、ちょっとしたことばかりでしょう。
でも、小さなくふうを積み上げておくと、
料理の段取りがスムーズになったと実感できるはずです。

私は30年近く、「友の会」の料理講習の講師として、
さまざまな料理を伝えてきました。
生徒たちの中には、働いている女性や子育て中の主婦も多く、
彼女たちが、「かんたんでおいしい献立を作りたい」と
切実に思っていることを知りました。
この本では、そのような女性に向けて、
同じように忙しく働き、子育てをしていた私が
今の生活にたどり着くまでの
台所仕事の知恵とくふう、そして料理のレシピを
お伝えしたいと思います。

読者のみなさまは、そのままあてはめようと無理はせず、
自分らしい暮らしのさじ加減で、
足したり、引いたりしてみてくださいね。

あなたのご家族と、そしてあなたが、
いつもおいしい笑顔で幸せな時間を過ごしていけますように。
心から願っています。

いつも通りのおいしい味つけに仕上げるためには、計量はとても大切です。「ベース菜」を冷凍保存する際も、毎回きっちり量ります。

「白い野菜」「赤や緑の野菜」のカラフルなピクルスがあると、主菜のつけ合わせなどに便利です。ピクルス液に「甘酢」を使っても。

「ごちそうハンバーグ」を中心にしたワンプレートの夕飯献立。子どもや男性に人気の高い家庭料理の定番ハンバーグもかんたんに！

右ページのプレートにある、じゃがいもの素揚げ。「揚げる」という調理法と仲よくなると、料理のレパートリーはぐんぐん広がります。

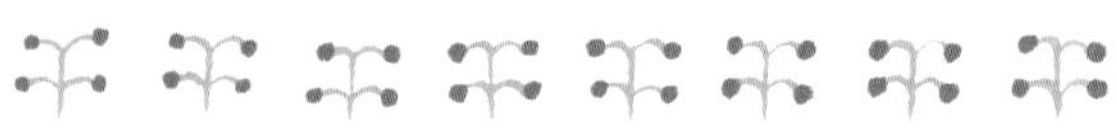

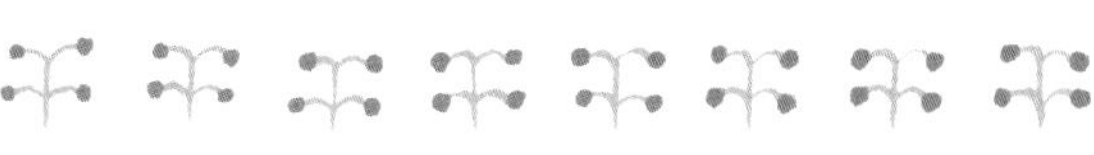

4章 献立のくふう

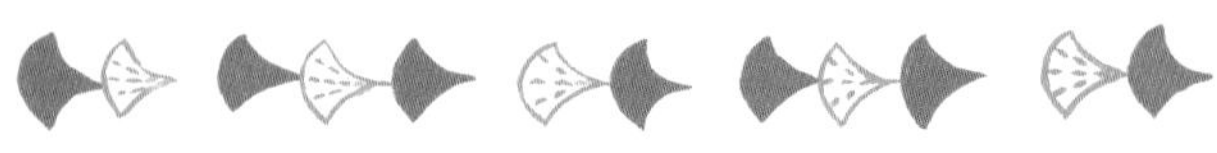

コラム

1章

買いもののくふう

器は大好き。和洋はこだわりませんが、最近は使い勝手のいい
直径26㎝前後の平皿ばかりを集めています。

これさえあればの常備品

新婚当時、20代の新米主婦の頃は、献立に合わせて食材を調達していました。「ハンバーグだから、ひき肉とたまねぎと……」といった調子です。でも、忙しく過ごしていると、いちいち買いものに出かけるスタイルでは、時間も足りず、経済的にもよくありません。

そのうち、「とりあえず、今ある食材でなんとかくふうして料理を作ってみよう」という考え方になり、いつしか、**使い回しができる食材を「常備品」として常にストックしておくようになりました。**

だから、私の常備品は、**「最低限これさえ揃っていれば、普段の食事作りに困らない」**という、食生活のベースになるものばかりです。そんな常備品は、あれこれ考えず、「きらさない」をモットーに、常に買い足しておくと具合がいいのです。

常備品でやり繰りできるようになると、**ものすごく忙しい日でもたいして困らず、手際よくおいしい食事が作れる**ようになります。常備品のおかげで、**買いもののストレスからも解放される**ので、普段の暮らしが豊かになるのです。家族と一緒でも、ひとり暮らしでも、それは同じだろうと思います。

たまねぎ
にんじん
じゃがいも

「365日ストック」している替えのきかない定番野菜

「たまねぎ」「にんじん」「じゃがいも」は、365日必ず買い置きしている、基本中の基本の定番野菜です。とにかく、なくなったら買い足すこと。これはもう、システマチックにどうぞ。日持ちがするので、たくさんあっても安心です。

この3種類の野菜があれば、ほかの野菜がなくても、とりあえずなんとかなります。

お肉と合わせれば、「カレー」や「シチュー」ができるでしょう。それから、「豚汁」も。煮込み料理なら、比較的オールマイティに対応します。お肉と一緒に炒めてもいいですし、お魚と一緒に蒸してもいいですね。主菜に盛り込みやすいので、使い勝手は抜群です。

特にたまねぎは、絶対に欠かせない、替えのきかない野菜です。ただ、なかなか単品で副菜になりにくいので、私はベース菜の「たまねぎのドレッシング漬け（80~81ページ）」を作り、副菜へ展開できるようにくふうしています。

「副菜に使える」白い野菜は買うときにひとくふう

たまねぎ、にんじん、じゃがいもは使い勝手のいい野菜ですが、それだけ食べているわけにもいかないですよね。だから、意識して「白い野菜」を加えるといいと思います。白い野菜とは、「大根」「白菜」「キャベツ」などです。

白い野菜はサラダになります。サッと塩もみにしたり、お浸しにしたりします。単品で副菜が作れるのが大きな特徴です。

白い野菜は、「日持ちがするので、あれこれ買うといい」という声をよく聞きますが、まずは1種類の大根を買って食べてみましょう。慣れてきたら、大根½本と白菜½個、次は大根と白菜とキャベツを⅓ずつというふうに、少しずつ種類を増やしてストックします。すべて丸ごと買うと、「使い切らなきゃ」とストレスになるので、自分の暮らしのペースに合わせるといいと思います。

それから、「もやし」「カリフラワー」「かぶ」「れんこん」などと広げれば、さらによしです。

赤い野菜
緑の野菜
きのこ類

「赤や緑の野菜」は色どりに「きのこ」は冷凍保存して常備

私は子どもの頃から、「料理は色とりどりに」という考え方を教わってきました。食卓の彩りがきれいだと、味と栄養のバランスがいいのです。野菜を使った献立が思い浮かばなくても、「色のきれいなメニューを作ろう」と考えると、さほど悩まないかもしれません。

赤い野菜の代表選手は「トマト」。緑の野菜は、「ピーマン」「ブロッコリー」「ほうれん草」「小松菜」「レタス」「きゅうり」などですね。私は緑の野菜が大好きで、1日1回はいただいています。世の中に生で食べられる「サラダほうれん草」が登場して本当に便利になりました。

そんなカラフル野菜と合わせて常備したいのが、「きのこ」です。「今日はきのこが安い」という日に多めに買って、冷凍しておくといいと思います。こういうまとめ買いは無駄ではありません。

凍ったきのこは解凍せず、そのままスープや味噌汁、鍋ものなどに加えて使います。

季節の果物

1年中「柑橘類」を味わう 果物は食後のお楽しみ

日本にはおいしい季節の果物がたくさんありますね。旬の果物も欠かせない常備品です。

朝食や食後の楽しみとして、よく食べています。友人や知人から送っていただくことも多く、また、自分でもインターネットで農家からお取り寄せをしたりしています。果物は1度に大量に届きがちなので、仲間で集まる際の差し入れにすることもしばしばです。

特に好きなのが「柑橘類」。こたつで温州みかん、という季節限定ではなく、年間を通じて、ネーブル、サマーオレンジ、デコポンなどの多種多様な柑橘の味わいを満喫しています。

柑橘類を食べる際には、「スマイルカット」がおすすめですよ。ホテルで供される柑橘類によく見かける切り方です。ヘタを横にして2等分に切った後、食べやすい大きさにくし形切りにするのですが、いちいち皮をむかずにすむし、手を汚さずに食べられるから便利です。

豚肩
ロース肉

「ブロック」も「薄切り」も
どちらもスタンバイ

「豚肩ロース肉」は、豚の首から背中にかけての肩の部位で、赤身に粗い網状の脂肪がほどよく混ざった霜降り状のお肉。豊かなうま味のある濃厚な味わいが特徴です。

一般的に、豚ロース肉よりもお手頃で、豚もも肉よりはやや高めの価格になります。私は「ブロック」も「薄切り」もどちらも買って、冷凍室でスタンバイさせています。自分でブロックを好みの厚さにすればいいのですが、なかなかうまく切れないので、薄切りもあると重宝します。

「しょうが焼き（117ページ）」はもちろん、「カレー」や「スープ」などの煮込み料理、オーブンを使えば「ローストポーク」も作れますし、「茹で豚（125ページ）」や「しゃぶしゃぶ」のように茹でて食べてもおいしいです。

幅広い家庭料理に使い回しがきくので、豚肩ロース肉の定番レシピは、いくつかマスターしておくといいと思います。

鶏もも肉

「若鶏」はあらゆる料理に「親鶏」はだしや鶏団子に

鶏肉を冷凍室にストックする方は多いと思います。私の場合、鶏むね肉、ささみ、手羽先や手羽元は調理する当日に買いに行きますが、「鶏もも肉」だけは常に冷凍保存しています。ほかの部位に比べて応用範囲が広いから、あると助かることが多く、安心なのです。

鶏もも肉にはこだわりがあって、「若鶏」と「親鶏」の2種類を使い分けています。

若鶏は、「から揚げ」や「油淋鶏（ユーリンチー）（121ページ）」などの揚げもの、「チキンソテー」や「蒸し鶏」など、あらゆる料理に使います。

そばやうどんの「だし」を取ったり、細かくたたいてミンチにして「鶏団子」を作ったりするときには、親鶏のもも肉がよく合います。

卵を産んだことのある親鶏は、飼育期間が長いので、かたさのあるコリコリとした歯ごたえですが、若鶏とは別のおいしさが楽しめます。近所では手に入らないので、お取り寄せしています。

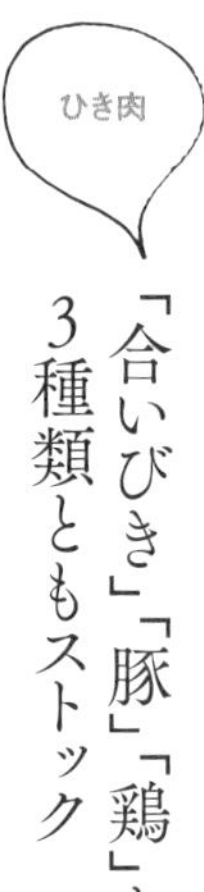

ひき肉

「合いびき」「豚」「鶏」と3種類ともストック

ひき肉といっても、「合いびき肉」「豚ひき肉」「鶏ひき肉」はぜんぜん違う別ものです。だから、よく使うこの3種類をストックしています。

牛ひき肉はほとんど使いません。合いびき肉は、だいたい「牛7：豚3の割合」でブレンドされているので、こちらでこと足りるからです。

「ミートソース（94〜95ページ）」は合いびき肉を使っていますが、その昔に友の会で教わったときは牛ひき肉のレシピでした。牛肉だけで作るとどうしてもパサパサしますが、少し豚肉が混ざるとしっとりとまとまって食べやすくなります。

同じ理由で、「ごちそうハンバーグ（115ページ）」にも合いびき肉を使います。

コクのある豚ひき肉は、「肉味噌（88〜89ページ）」のように、しっかりとした味つけでボリュームのあるレシピにぴったりですね。

卵のおいしさを味わう「オムレツ」には、あっさりと淡白な鶏ひき肉を使うのが私好みです。

鮭
サーモン

函館の「鮭」
苫小牧の「スモークサーモン」

私にとって、「鮭」は幼い頃から慣れ親しんでいるソウルフードのような食材です。故郷函館の朝市にある決まった鮮魚店から、母が定期的に送ってくれます。切り身の幅が指定できるので、市販品の3倍に切ってもらい、塩加減もやや強めに。それを食べたいときに食べられるように冷凍保存しています。

切り身はそのまま焼いてお弁当のおかずにしたり、ほぐしておにぎりの具にしたり。頭や骨などのあらも一緒に届くので、それで「三平汁」を作るのも楽しみですね。

今の住まいがある苫小牧は、「スモークサーモンの街」なのです。日本で初めてスモークサーモンを製造販売した「王子サーモン」という老舗メーカーがあり、日本一の名品です。

遠方からのお客さまには、ぜひ地元の名品を堪能していただきたいので、こちらも常にストックして、いつでもお出しできるようにしています。

卵

欠かせない常備品のひとつ
薄焼き卵の冷凍も便利

卵はあると何かと便利ですね。どうしても「茶色い殻の卵」がおいしそうに見えるので、手に取るのはそればかり。この頃は「ヨード卵・光」の6個入りパックを買っています。

子どもたちがいた頃は、卵10個を使って「薄焼き卵」を作り、ラップに1枚ずつはさんで冷凍していました。こうして常備しておくと、使う枚数だけ解凍できて便利なのです。

薄切りにして、焼き豚や白髪ねぎと合わせれば見栄えのいい「サラダ」になったり、お刺身パックで作る「お刺身丼」のごはんの上にのせたりと、冷凍の薄焼き卵の使い道は多用です。

忙しいときに「炒り卵」は作れても、気持ちの余裕がないと薄焼き卵は作れないもの。見た目にも味にも違いがあるので、時間があるときに焼いておいてストックしておくといいと思います。水溶き片栗粉を少量加えて焼くと、穴があかずにツヤツヤときれいな仕上がりになります。

こんにゃく
しらたき

何もないときに重宝する使い勝手のいい食材

意外かもしれませんが、「こんにゃく」と「しらたき」があれば、何もないときに重宝します。

こんにゃくで作る「たぬき汁」をご存じでしょうか。こんにゃくを食べやすく切り、ごま油でよく炒めて、お味噌汁に入れるだけ。かんたんなのに、とてもおいしい。こんにゃくオンリーでもいいですが、あれば長ねぎも加えてみてください。

こんにゃくとしらたきは、冷凍保存できるので、その点も使い勝手がいいですね。

凍らせたこんにゃくをごま油で炒めて、だし醤油を回しかけるだけの「冷凍こんにゃく炒め」も絶品です。こんにゃくを冷凍するとシャバシャバとした不思議な食感になるのですが、私はそれがたまらなく好きなのです。

私の十八番の「豚汁」に欠かせないしらたきも、同じような使い方ができます。

こんにゃくとしらたきは、使うほどにその奥深さを知る、楽しくてユニークな食材なのです。

米

冷凍ごはんは1食分をきっちり量って

粘り気が少なくてサラサラしたお米が好きで、本来は「ささにしき」のファンです。でも、最近はなかなか手に入らないので、東北地方で作づけされる「ひとめぼれ」を炊いています。

ひとめぼれは、「こしひかり」と「初星」をかけ合わせて作られたお米。その割に粘りは強くなく、さっぱりしているので私好みの味わいです。北海道米も相当がんばっていると思いますが、どうも粘り気が強くて……。

ひとり暮らしになっても、1度に炊飯器で4合炊きます。アツアツのうちに、きっちり180gずつ量って、5号のポリ袋に入れて冷凍します。そろそろ150gに減らしてもいいかもしれません。子どもたちがいたときは200gでした。

冷凍ごはんがない生活は考えられません。電子レンジで解凍して、「甘酢(101ページ)」でササッと酢飯を作り、ひとりでも気軽に「お寿司」や「海苔巻き」を楽しみます。ひとり寿司、大好きです。

うどん
そば
ラザニア

心まで満たす 常備品の麺いろいろ

麺類はよくいただきます。かんたんに調理ができて気楽ですし、何より種類が豊富で楽しいから、お腹だけでなく、心まで満たしてくれます。

数ある麺類の中でも、「うどん」「そば」「ラザニア」は食品庫の定番です。

娘のおムコくんは秋田人で、ご実家が「稲庭うどん」を送ってくださいます。そのおいしさにすっかりはまって、なくなると自分でも買うようになりました。そばは白い更科そばが好みなので、永坂更科の「御前そば」はきらしません。

ラザニアは、お客さまがいらしたときに作る、私の得意料理です。いつ何時腕をふるうことになるか分かりませんから、必ずストックしています。

変わったラーメンも気になります。秋田の比内地鶏スープを使ったラーメン、和歌山ラーメンや喜多方ラーメンがおいしくて。おもしろいラーメンを見つけると、ついお取り寄せしてしまい、麺類のストック品は増える一方です。

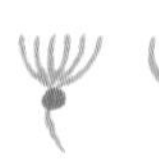
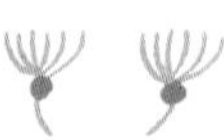

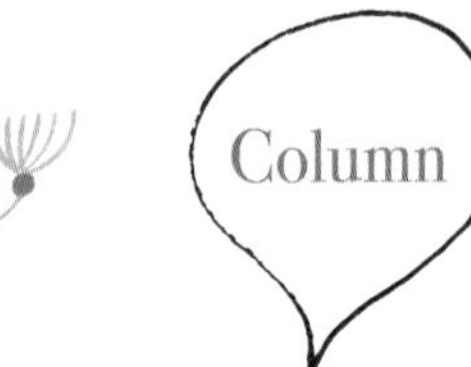

トライ&エラーの繰り返し料理とは人生そのもの

私は北海道・函館出身ですが、高校から東京・東久留米にある「自由学園」で学びました。自由学園は創設時のビジョンのひとつに「温かい昼食のある学校」が掲げられており、創立当初の目白の校舎も、現在の校舎も、「食堂」を中心とした設計です。そして、「昼食」は、各学年が毎日交代で全校生徒分を作ります。

高校2年生のときの話です。私は600人分の茶飯の材料として、「抹茶600g」を発注書に記入しました。ところが、当日になって、茶飯にはほうじ茶を使うことが分かり、一気

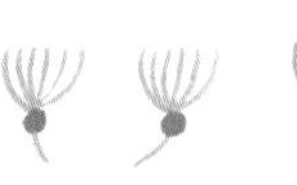

に血の気が引きました。

たいそう怒られるに違いないと落ち込んでいたら、「あら、今日の茶飯は抹茶で豪華ね」と先生が明るくおっしゃったのです。そして、「全部だと多いから、分量を減らしましょう」と続けられ、結局お小言は一切なし。

この日の出来事はどれほど心に響いたでしょう。「料理とは、失敗を重ねてチャレンジを繰り返す、人生そのもの」と、後に気がつかせてくれた、よき経験です。この学びは今でも決して忘れることのない宝物です。

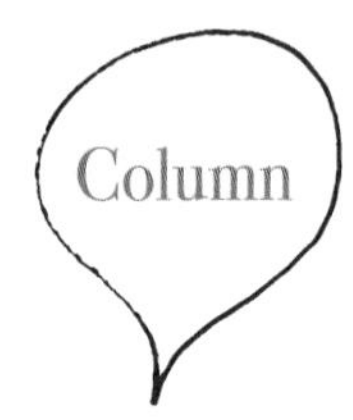

楽しく作った料理は人の心を幸福にする

「自由学園」には、「婦人之友社」（出版社）と「全国友の会」（婦人之友の読者の集まり）という2つの関連団体があります。

私は40年来、友の会の会員ですが、もともとは母が会員でした。だから、幼い頃から友の会は身近な存在なのです。

小学生時代、母が友の会の料理教室で、「あんかけ焼きそば」を習ってきました。学校から帰ってきたら、コンロの上に蒸し器が置かれ、ユラユラと湯気が沸いています。母はそこでラーメン玉を蒸した後、手早く熱湯にくぐらせ、油でカリッと揚げていきます。

同時進行でおいしそうなあんも作られ、私は夢中になって母がテキパキと手際よく料理する様子を眺めていました。その光景をよく覚えています。

母は友の会から帰ってくると、それはとても楽しそうな様子で、習ったものを再現して家族にふるまってくれました。幸せな時間でした。おかげで私の心にも、「楽しく作った料理はみんなを幸福にする」と刻まれていったのでしょう。どんなに忙しい毎日を過ごしていても、その心だけは忘れないようにしたいと思っています。

お楽しみの珍しい食材

普段の買いものは、週1回のペースです。珍しい食材は近所にはないので、友の会の用事で札幌に行くと、JR札幌駅に直結している「大丸デパート」を巡ってきます。**デパ地下のお惣菜売り場は勉強になります。サラダの野菜の組み合わせや、味つけの展開**など、眺めているだけでもまったく飽きません。

東京に出かけたときは、高級スーパーマーケットが楽しくて仕方がないですね。自由が丘に親戚がいて、「ザ・ガーデン自由が丘」は昔から馴染みがあるので買いやすく、いろんな食材を調達して宅配便で送ったりしています。大好きな「明治屋ストアー」では、北海道であまり見かけないハムやお肉、薄焼き卵がお気に入りです。ここにはおもしろい麺も揃っているから、麺コーナーに行くと血が騒ぎます（笑）。羽田空港の「紀ノ国屋」に立ち寄ることもあります。買うのはちょっとしたおいしいもの。たとえばザーサイなどです。

それから、気分転換も兼ねて、自宅でも**インターネットで珍しい食材などを探しています。**必要か不必要かといわれれば、「？」なのですが、**食にはそういう「感動」も必要だと思うのです。**

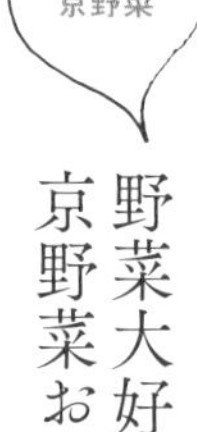

野菜大好きゆえの京野菜お取り寄せ

野菜が大好きです。北海道ではあまり「そら豆」が出回らないので、ある年、5月のシーズンに東京に出かけた際、うれしくて買って帰りました。でもそら豆って、案外においが気になりませんか。それで飛行機内で恥ずかしい思いをした経験があります。

珍しい野菜や、新しい品種のもの、そして、京野菜などの地域限定品を見つけると、買わずにいられません。一体どんなお味なのかしら？　と気になって仕方ないのです。

札幌の「大丸デパート」に行く際は、必ず京野菜をチェックします。数年前、北海道にはまだあまり出回っていなかった「万願寺唐辛子」を見つけたときには興奮しました。

最近では、好きが高じて京都から直接お取り寄せもするようになりました。「京にんじん」「にんじん葉」「丹波の大黒本しめじ」など。その味の素晴らしさに感動しています。

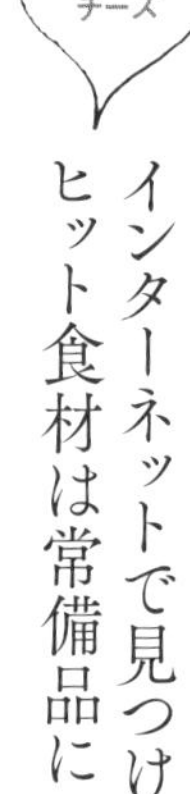

インターネットで見つけた ヒット食材は常備品に

インターネットでは珍しい食材をいくつも見つけましたが、定期購入して常備するほどのお気に入りとも出合いました。

そのひとつが「蒸しガキ」です。すでに蒸してあるので、調理しても縮まないところがいいですね。ホワイトソース（92〜93ページ）に加えると、カキのエキスが染み出た「クラムチャウダー」になります。また、薄い麺つゆで炊き上げたごはんに、てりたれ（100ページ）をからめた蒸しガキを混ぜると、かんたんに「カキごはん」が作れます。

もうひとつは「シュレッドチーズ」です。イタリア食材を扱う専門サイトから、定期的に取り寄せています。1度に5kgを注文すると、1kgずつ小分けされて届くので、それを200gずつにポリ袋に詰め替えて冷凍保存します。トーストにのせて焼いたり、そのままサラダに混ぜたり。あまりにもおいしいので、ここ数年は、子どもや友人におすそ分けしています。

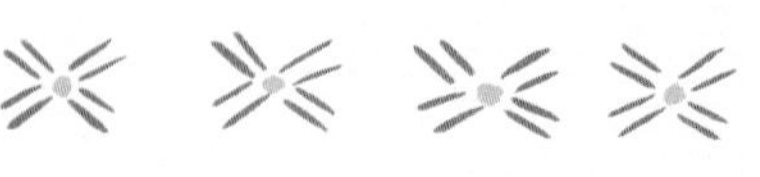

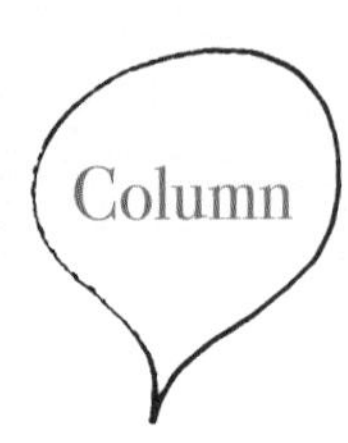

経営を応援したい、NPO法人農場の絶品の豚肉とチーズ

学生時代からの友人たちが、北海道で「共働学舎」というNPO法人の農場を続けています。体の不自由な方の自活など、社会貢献の理念をもって運営しています。

共働学舎が経営する農場のうちのひとつ「寧楽共働学舎」は、自分たちで育てた豚のお肉を販売しています。私はもう10年以上、豚肉の頒布会に参加しています。毎月1回の注文では、ベーコンやソーセージ、豚肩ロース肉、豚ひき肉などをまとめて頼んでいます。息子は「このベーコンでないとカルボナーラは作

らない」というほど素晴らしいお味です。
もうひとつの「新得農場」はチーズを生産しており、モンドセレクションで金賞を受賞しています。
私たちが買うことによって計画生産ができるので、微力ながらも経営のお役に立ちたいと思っています。

寧楽共働学舎
問0164—58—1037
共働学舎新得農場
http://www.kyodogakusha.org/

2章 保存のくふう

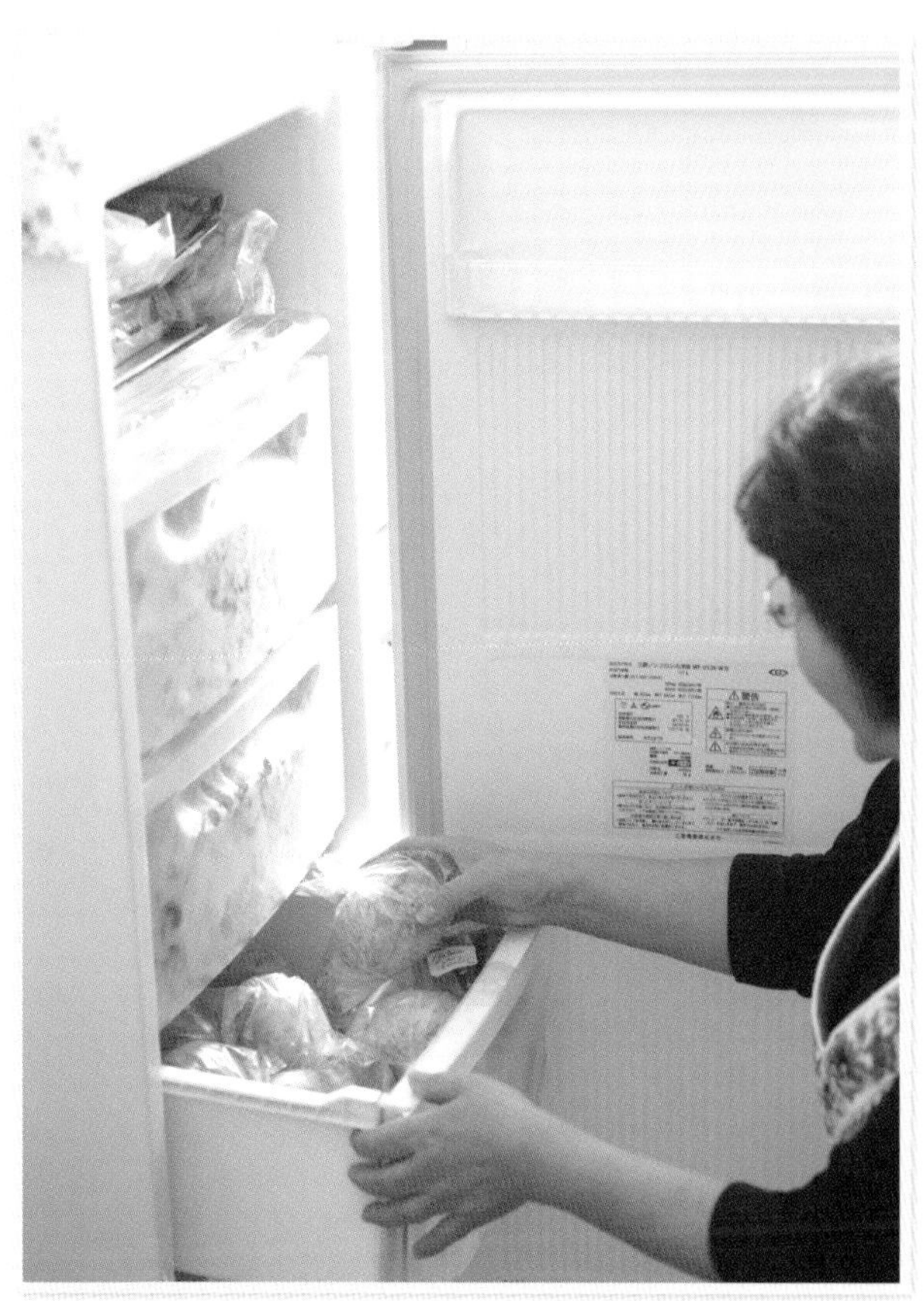

函館のお気に入り店舗からパンやマフィンを取り寄せて、いつでも食べられるように「専用冷凍庫」の「パンとおやつの引き出し」に保存。

冷蔵室のストック

私の冷蔵室はギュウギュウに詰まっていません。**ある程度の余裕をもたせています。**ストックしているのは、循環させるものばかり。それが冷蔵室の上手な使い方だと思っているからです。

冷蔵室は「収納庫」ではありません。食品の「一時的な置き場」であり、冷凍した食品を「解凍する場所」なのです。

冷蔵室は私の食生活を回していくための道具だから、収納してしまったら動かなくなる。食生活がストップしてしまう。だから、**いつでもスムーズに循環できる状態を保っておくこと**が大切です。

毎週、できるだけ月曜日は在宅して、家事に没頭しようと決めています。午前中は部屋のお掃除をして、録画した1週間分のドラマを見ながらアイロンがけ。そして、冷蔵室の大掃除をします。汚れたゴムパッキンを拭いたり、野菜室に敷いた包装紙（野菜の汁や皮で汚れるから）を取り換えたり。さっぱりしたら、午後から買いものに出かけます。

こうした暮らしのサイクルを作っておくと、冷蔵室同様、いい循環ができて生活が回っていくのだろうと思います。

冷蔵室

冷蔵室には、写真のように余裕をもたせてスペースを空けておきます。余裕があると取り出しやすいだけでなく、汚れに気づいたらサッと拭き掃除もできて衛生的でしょう。

保存容器は「ジップロック」の大中小のコンテナを愛用しています。きれいに積み重ねられるので空間を無駄なく活用できますし、半透明なので、いちいちフタを開けなくても中身が確認できるのもいいですね。

❶ スタンバイコーナー
❷ 副菜コーナー
❸ 朝ごはんコーナー

❶ スタンバイコーナー

上から2段目の左端には、常にステンレスのバットを置いています。冷蔵室と冷凍室をうまく循環させるポイントになるのが、この「スタンバイコーナー」なのです。

朝、冷凍室から移してきたお肉やお魚などの食品は、このバットにのせて低温解凍。今晩か明日には調理できる状態に戻ります。スタンバイコーナーに解凍用以外の食品があれこれ積み重なっているときは、「ストックあり過ぎ」のサインです。

❷ 副菜コーナー

ちょっと多めに作った副菜は、別の日の昼ごはん用や夜ごはん用として、ここにまとめてストックしておきます。だいたい2〜3種類入っていることが多いですね。常備している海水漬けも、このコーナーが定位置です。

（上右）4色サラダ、（上左）ピーマンとにんじんの塩昆布和え、（下）さつまいものりんご煮。私の場合、ひとり分なので、主に小のコンテナを利用して保存。忙しくて食事の支度をする時間がないときや、疲れて帰ってきたときなど、すぐに食べられる副菜のストックがあると気持ちがラクになるものです。

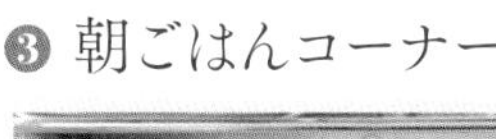

❸ 朝ごはんコーナー

A おかず

（上右）シュレッドチーズ、（上左）スモークサーモン、（下右）ローストビーフ、（下左）ベーコン。パン食のおかずになるものを揃えています。朝ごはんの支度には、なるべく包丁を使いたくないので、ローストビーフやベーコンはあらかじめスライスしておくこともあります。

B ジャムやペーストなど

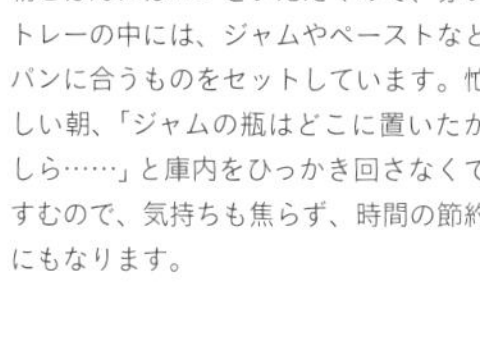

朝ごはんにはパンをいただくので、赤いトレーの中には、ジャムやペーストなどパンに合うものをセットしています。忙しい朝、「ジャムの瓶はどこに置いたかしら……」と庫内をひっかき回さなくてすむので、気持ちも焦らず、時間の節約にもなります。

冷凍室のストック

新婚当初、北海道・函館から車で1時間近くのところにある国定公園・大沼で暮らしていました。森と湖に囲まれた絶好のロケーションで素晴らしい場所でしたが、いかんせん田舎なので近所に買いものできるお店がありませんでした。

そのような環境にあったので、アメリカ製のGE（ゼネラル・エレクトリック）の**500L以上の冷蔵冷凍庫と、大きな専用冷凍庫を使っていました。**そうした生活に慣れているせいか、冷蔵冷凍庫の冷凍室とは別に、「専用冷凍庫」はなくてはならない存在です。

ストック食品はそれぞれきちんとすみ分けをさせていて、どこに何が入っているか、いちおうは把握しています。というのも、**1週間に1度は冷凍室を整理しているのです。**忙しいときでも、最低1か月に1回は行なっています。「これはそろそろ食べたほうがいい」と思うものを見つけては、冷蔵室に移します。解凍してしまえば、どうしても使わないといけなくなるでしょう。そうすると、茹でたり、炒めたりと調理して、無事に食材を使い切ることができるというわけです。

冷凍室・上段

冷凍室・上段は大きく分けて2つのコーナーに分けています。

一番取り出しやすい場所にあるのは、ごはんなどの主食コーナー。ストックがなくなったら一目瞭然なので、食べたいときに、「あら、ごはんがないわ……」と困ることがありません。

それから、ちょっとしたときに重宝するのが、ちょこちょこと残った食材を少量ずつ冷凍したもの。保存の際も、3号の小さなポリ袋に詰めるだけなので、手間もかからず気楽です。

また、普段よく使う食材、たとえば瓶に詰めたいくらの醤油漬け、缶のスパイス類、袋入りの生麩や京揚げなども、目につきやすい上段に冷凍保存しています。

瓶もの、缶もの、袋ものコーナー

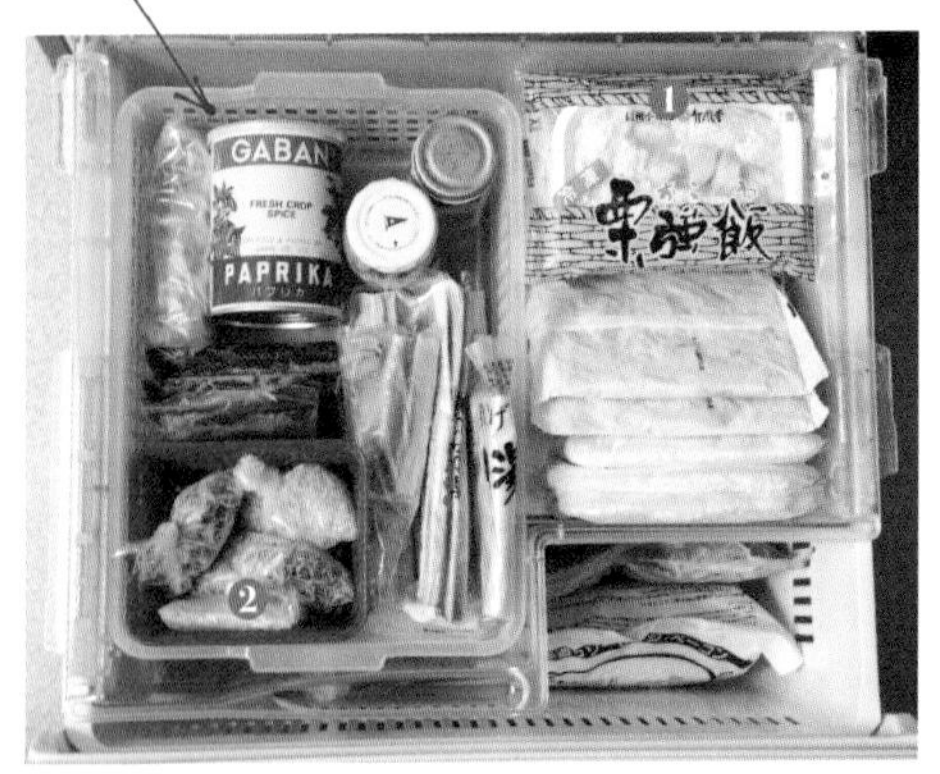

❶ ごはんなどの主食

❷ 少量ずつ残ったもの

❶ 主食コーナー

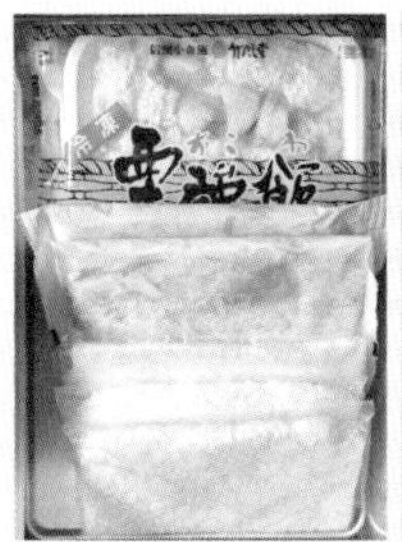

冷凍ごはん、お気に入りの市販の冷凍ビーフンや栗おこわなど、主食類をまとめたコーナーです。ごはんはポリ袋に入れたら平らにして冷凍し、カチカチに凍ったら立てて保存します。スペースに余裕ができるだけでなく取り出しやすいので、おすすめの収納法です。

❷ 少量ずつ残ったもの

調理の際、ちょこちょこと余るお肉や魚介類などをそれぞれポリ袋に入れて冷凍します。豚肉、シラス、イカやエビ、それからおそば屋さんでいただいてきた揚げ玉など。このコーナーがいっぱいになったら、お好み焼きやかき揚げを作ります。結構楽しみにしています。

冷凍室・下段

冷凍室・下段は3つのコーナーに分けています。上段より高さがあるので、2つのトレーを使って3つに区切り、サイズの大きいものをメインに冷凍します。

最近は作る機会が減りましたが、それでも月1回ほどのペースでケーキやパイなどを焼くので、お菓子の材料コーナーは欠かせません。

おかず食材コーナーには、日常的に使う実用性の高いものを、「おもしろい」食材コーナーには、特別感のあるものを保存します。

忙しく飛び回っていると、下段にまで目が届かなくなるので、1週間に1回は中身をチェックして、「どんな食品がどこにあるか」を把握するようにしています。

❶ お菓子の材料

❷ 1週間分のおかず食材

❸ 「おもしろい」食材

❶ お菓子の材料

市販のパイシート、杏仁パウダー、ベーキングパウダー、それから、チーズケーキなど、お菓子作りに必要な材料などを冷凍保存しておくコーナーです。昔ほどお菓子作りはしなくなりましたが、心がウキウキするこのコーナーは今でもしっかりと残しています。

❷ 1週間分のおかず食材

専用冷凍庫（68〜71ページ）から、お肉やお魚だけでなく、1食分ずつ小分けにした手作り調理品など、1週間のうちに食べてしまいたい食材を移動させます。納戸にある専用冷凍庫と台所にある冷蔵庫の冷凍室をうまく循環させるポイントになるのが、このコーナーです。

❸「おもしろい」食材

頒布で購入している豚肉セットや、お気に入りの冷凍食品、いただいた手作りのトマトピューレ、おみやげの干しエビなど、私なりの楽しいストーリーがあるおもしろい食材をこのコーナーに集めています。冷凍室に幸せな気分を閉じ込めている感じがします。

専用冷凍庫
冷凍室・引き出し

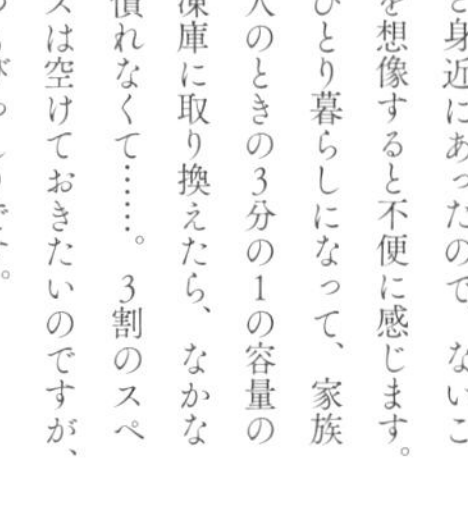

納戸には121Lの冷凍庫を置いています。冷凍だけの専用庫は、幼い頃から実家でも使っていましたし、新婚時代からずっと身近にあったので、ないことを想像すると不便に感じます。

ひとり暮らしになって、家族4人のときの3分の1の容量の冷凍庫に取り換えたら、なかなか慣れなくて……。3割のスペースは空けておきたいのですが、いつもびっしりです。

❶ 急冷凍スペース

❷ お魚の引き出し

❸ お肉の引き出し

❹ パンとおやつの引き出し

❺ 手作りの半調理品の引き出し

❶ 急冷凍スペースで「おぼん冷凍」

一番上の段は、急冷凍させるためのスペースなので、普段は空けておくようにします。手作りの餃子や肉団子、食べやすく切った生麩は、ひとつずつおぼんにのせて冷凍します。これが「おぼん冷凍」です。ポリ袋に入れて平らにしたごはんもここで冷凍します。

おぼん冷凍でひとつずつ冷凍したら、1食分をまとめてポリ袋に入れます。そうすると、中身がくっつかないので、スムーズに調理ができて便利です。まとめた袋は、下の段の引き出しへ。

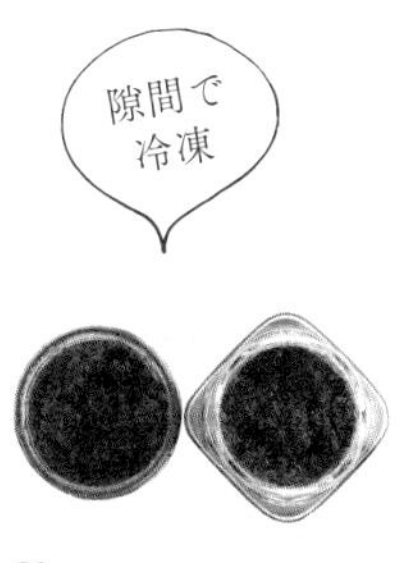

Chutney チャツネ

手作りのチャツネも同様に冷凍保存。カレーと合わせていただきます。

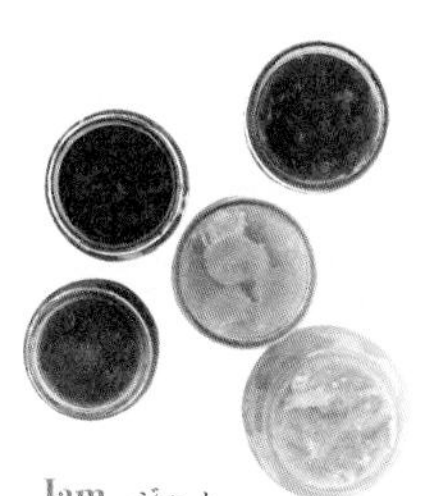

Jam ジャム

冷凍室の空きスペースに保存している手作りジャム。数種類を常備。

❷ お魚の引き出し

常備品の鮭、スモークサーモン、ウナギ、蒸しガキなどを冷凍します。ほかには飯寿司、コハダなど、お客さまのおもてなしに使えるような珍しい食材も入っています。

❸ お肉の引き出し

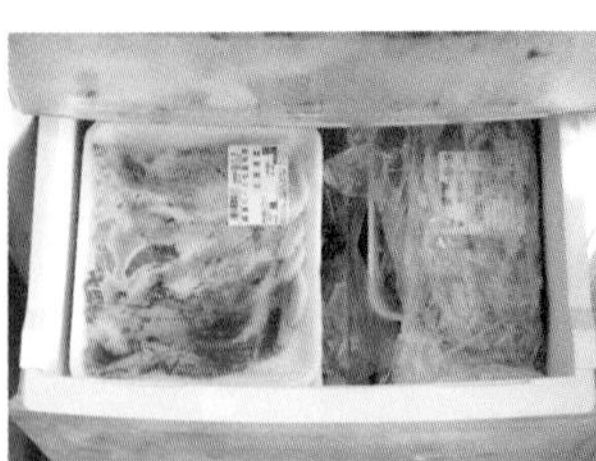

常備品の豚肩ロース肉、鶏もも肉、合いびき肉などを冷凍します。ほかにはお取り寄せしたローストビーフ、いただいたチキンの煮込みなどの調理品も。イレギュラーですけれどね。

❹ パンとおやつの引き出し

函館のパン屋さんから取り寄せている塩バターパンがお気に入りで、常に冷凍しています。ほかにもベーグル、マフィンやシフォンケーキ、ピザ台なども入っています。

❺ 手作りの半調理品の引き出し

手作りした餃子や肉団子、ミートソース、 カレールーなどの半調理品を冷凍します。わざわざ冷凍用に手作りするのではなく、多めに作った残りをストック分に回すと便利です。

廊下のクローゼットを食品庫として利用！

廊下にあるクローゼットは、丸ごと食品庫として利用しています。冷蔵室や冷凍室と同じように、入れるものの定位置を決めて、トレーや空き缶などを使って、それぞれのコーナーのスペースを確保。ここからあふれてきたら、友人や知人に差し上げたりして、一定量以上は増やさないように心がけています。帰省した息子は、知らない間にごっそりと持ち帰ってくれるので、助かっています。

❶ お菓子コーナー
❷ いただきものを保管する余裕コーナー
❸ 海藻類コーナー
❹ 袋入りの調味料コーナー
❺ ふりかけ類コーナー
❻ 鳩サブレー缶コーナー
❼ 酒、調味料コーナー
❽ 缶詰コーナー
❾ 主食コーナー

空き缶で食材を仕分け

鎌倉在住の親戚が毎年送ってくださったおみやげの定番「鳩サブレー」。その空き缶を食品庫の引き出し代わりに活用しています。サイズが同じだから使い勝手がとてもいいのです。食品庫は、ひとつのコーナーを3か月に1回くらいの割合で整理しています。一気に手がけるときれいに片づくのでしょうが、焦らずマイペースで。ストック品がなくなると、買いもののついでに、少しずつ補充します。

❻ 鳩サブレー缶コーナー

❾ 主食コーナー

Ⓐ 豆類とお麩

Ⓑ 干ししいたけやきくらげなどの乾物類

Ⓒ だしの素やコンソメ

Ⓓ 日本茶や紅茶などのお茶類

Ⓔ 乾麺、パスタ、お餅、ミックス粉

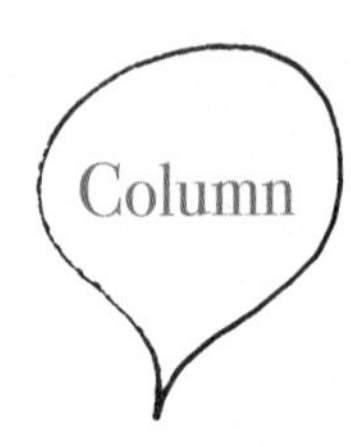

おもてなしの定番は気負わない豚汁とおにぎり

結婚してから12年近く、北海道随一の景勝地、国定公園・大沼でのびのびと生活していました。目の前に広がるのは、絵葉書のように美しい森と湖の大自然。見渡す限りの青い空と緑の牧草地で、夜になると星が降ってくるような別天地でした。

私たちの住まいは、夫の会社が経営する牧場やゲストハウスが立ち並ぶ一角にありました。年の離れた夫はおおらかな人柄で、何でもウエルカムだったので、ひと夏に迎えるお客さまは300人を超えることも。

そんな経緯もあり、「おもてなしのコツを教えてください」とよく聞かれるのですが、たいそうな極意はなく、強いて挙げるなら、「がんばらないこと」くらいです。

毎回おもてなしのメニューを目新しいものにしなくても、おいしい定番があればそれでOK。気負うことはありません。

私の定番は「豚汁」と「おにぎり」。ごく普通の家庭料理でしょう。主菜とお食後はお客さまの顔ぶれに応じて考えました。あとは明るい笑顔と楽しいおしゃべりがあれば十分だと思います。

3章
おかずの素のくふう

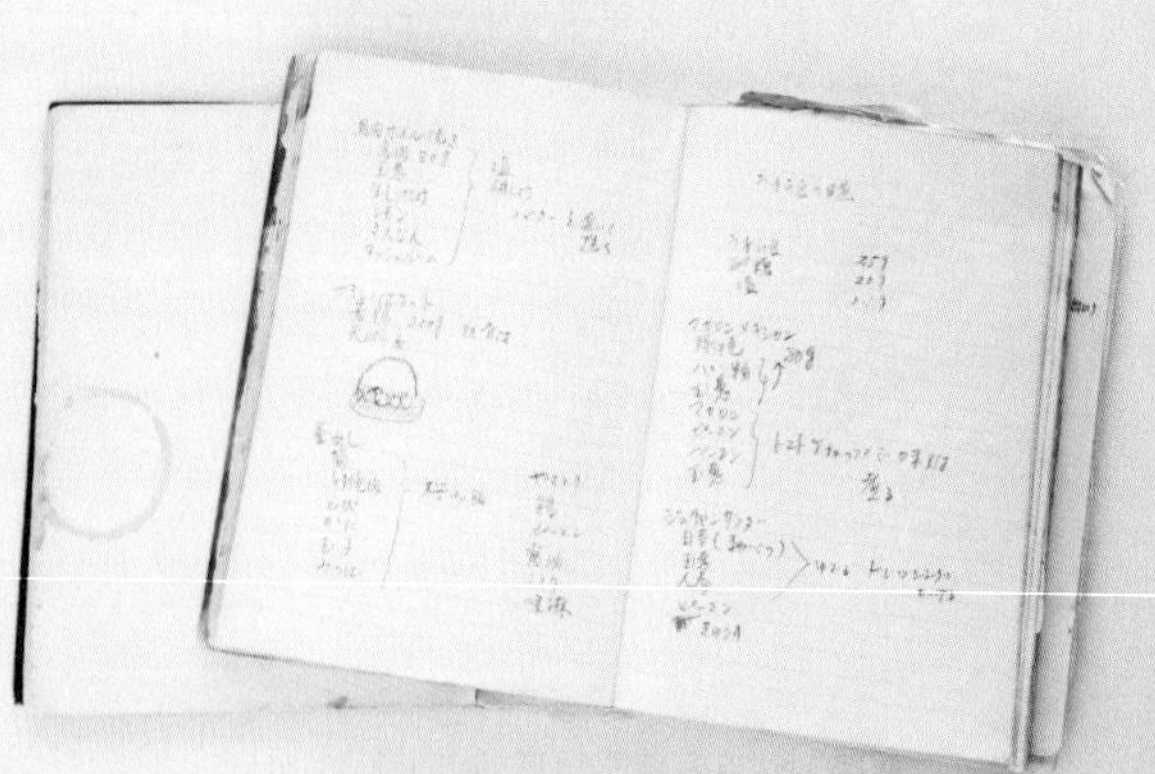

高校時代から書き続けている献立ノート（右ページの写真）。
たまに見返すと、たくさんの「くふう」を再発見できます。

あると便利なベース菜

ベース菜とは、「おかずの素」になるものです。

野菜と混ぜる、豆腐にのせる、麺やごはんと合わせるなど、**何かもうひと手間加えれば料理として完成する、その段階まで仕上げておいたアレンジ自在の保存食材のこと。**料理としてでき上がっている「常備菜」とは、まったく別のものになります。

ベース菜にちょっと手を加えるだけで主菜や副菜になり、また、隠し味としても活用できます。洋風にも和風にも応用がきくので、長く使い続けても飽きることがありません。もちろん、作り方はとてもかんたんで、材料も日常的なものばかり。**ベース菜があれば、献立を考えたり、食事の支度をする時間が驚くほどラクに楽しく変わってきます。**わざわざ「作らなきゃ」と気負わないで、台所仕事のついでに、気楽な気持ちで作ってみてください。それくらいの感覚で取り入れるのがいいと思います。

「肉味噌」「チキンライスの素」は、ポリ袋に入れた後に薄くのばして冷凍し、カチンコチンになったら立てて並べて保存しておくと、冷凍室でも場所を取りません。

たまねぎのドレッシング漬け

40年近く作り続けている、愛すべきベース菜です。私はコープの「米酢」を使っていますが、酢の種類はお好みに合わせて選んでください。

たまねぎは繊維に沿って薄切りにすれば、かたさが残ってシャキシャキとした食感に。繊維に直角に切ると、繊維を断ち切るので、やわらかい食感になります。お好みの切り方でいいと思います。

トマトや生ハムと合わせる「マリネ」が定番ですが、マッシュポテトに混ぜたら「ポテトサラダ」、炒めたじゃがいもとベーコンに加えたら「ジャーマンポテトサラダ」。冷奴やちくわに添えて醤油をかけると和風副菜にも展開します。

材料(作りやすい分量)

たまねぎ(薄切り)…1個分

ドレッシング

サラダ油…½カップ

酢…¼カップ

塩…大さじ½

胡椒…少々

作り方

1 たまねぎはサッと水に漬けた後、水けをよく拭き取る。

2 ボウルにドレッシングの材料を入れてよく混ぜ、1を加えて軽く合わせる。

3 保存容器に入れ、冷蔵室で保存する。

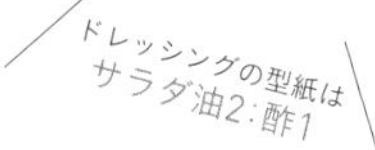

保存方法

プラスチック製の容器だと、たまねぎ特有のにおいが残るので、ガラス製の瓶がおすすめ。その場合でも、ゴム製のパッキンにはにおいがつくので、専用の保存瓶を作っておくと重宝する。

保存期間

冷蔵保存で1か月以上。最後に残ったドレッシングも残さず全部使える。

大根なます

我が家の冷蔵庫には、お正月に限らず、いつでも大根なますが入っています。常備調味料の「甘酢（101ページ）」を使うので、ごはんの仕度のついでにパパッと仕込めて気軽です。

大根とにんじんは千切りではなく、幅3㎜ほどの細切りにして歯ざわりを楽しみましょう。

よく作るのは、細切りにしたハムやきゅうり、いなり寿司の皮と合わせる「サラダなます」ですが、かまぼこやちくわなどの練り製品とも好相性。また、蒸し鶏や炒めた豚肉、生野菜、なますをバゲットにサンドするベトナムのエスニックなサンドイッチ、「バインミー」もおいしいですよ。

材料（作りやすい分量）

大根…500g
にんじん…25g
塩…2つまみ
甘酢（104ページ参照）
…大さじ2～3
お好みでうま味調味料…少々

作り方

1 大根とにんじんは長さ4㎝、幅3㎜の細切りにし、塩と合わせて10分ほど置く。水けが出たら軽く絞る。
2 ボウルに1、甘酢、お好みでうま味調味料を入れ、軽く合わせる。
3 保存容器に入れ、冷蔵室で保存する。

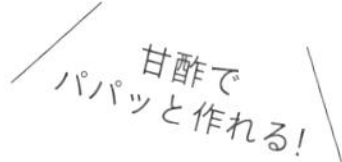

保存方法

プラスチック製の容器だと、大根なます特有のにおいが残るので、ガラス製の瓶がおすすめ。その場合でも、ゴム製のパッキンにはにおいがつくので、専用の保存瓶を作っておくと重宝する。

保存期間

冷蔵保存で1か月ほど。

海水漬け

海水漬けの基本は水500㎖＋塩大さじ1。海水に近い「濃度3％の塩水」を用意して、野菜をどんどん入れていきます。たったそれだけだから、本当にかんたん。半日から1日でほどよい塩味に漬かります。野菜のかさが減るので、生野菜よりも食べやすくて助かっています。

私はサラダ感覚でそのままいただきますが、薄く切ってかつおぶしと和え、お好みで醤油をかければ、箸休めにもなる和風副菜のでき上がり。また、なすやきゅうりを食べやすく切って、からしと醤油、だしで和えると、辛みのきいた「からし漬け」に。ごはんのお供にぴったりです。

材料（作りやすい分量）

野菜（大根、にんじん、きゅうり、なす、ラディッシュなど）…計400〜500g

塩水

　水…適量

　塩…水の重量の3％

昆布（10㎝角）…1枚

お好みで赤唐辛子…適宜

お好みで黒胡椒（粒）…適宜

作り方

1　野菜は食べやすく切る。

2　保存容器に濃度3％の塩水を入れ、1、昆布、お好みで赤唐辛子と黒胡椒を加える。

3　冷蔵室で保存する。

濃度3%の塩水は
水500mℓ＋塩大さじ1

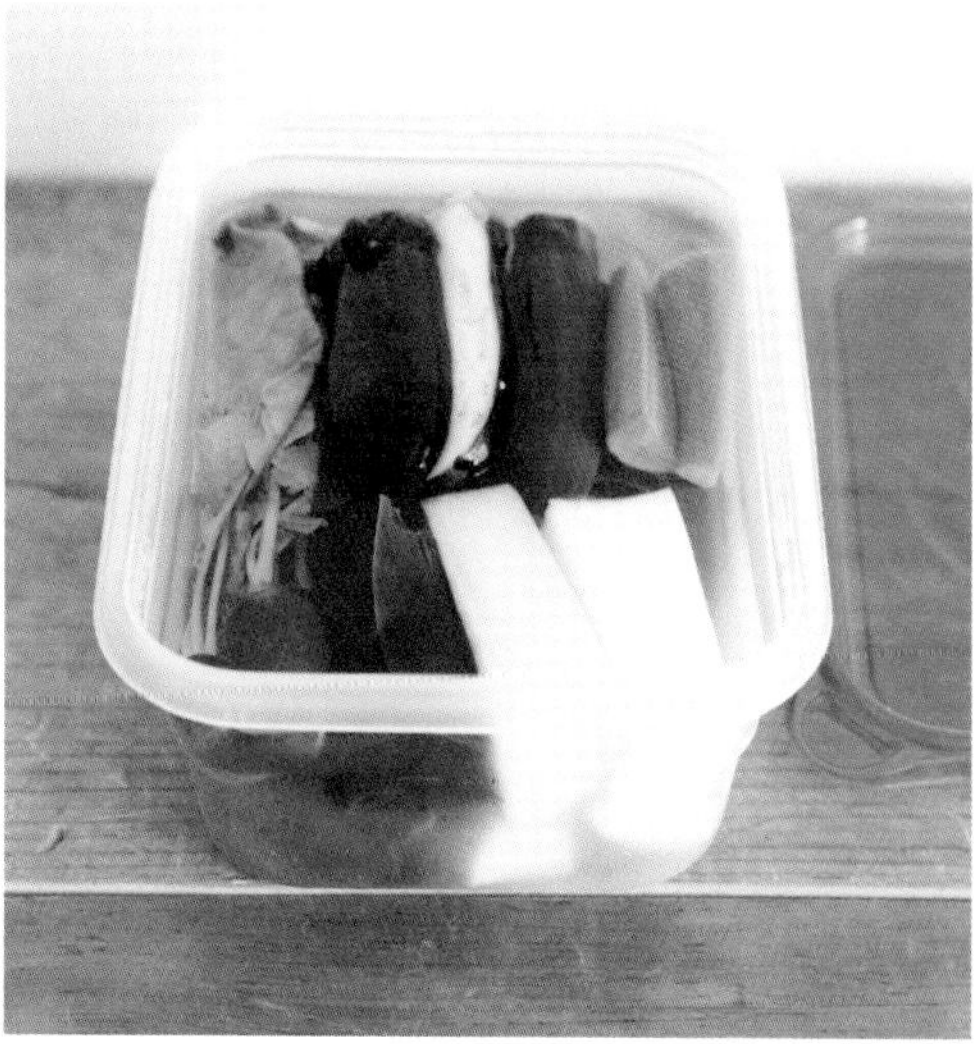

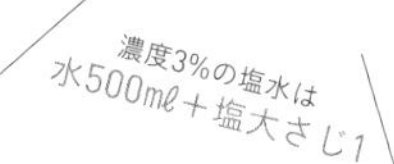

保存方法

フタがある保存容器を使用。におい移りは気にならないので、プラスチック製の容器でも大丈夫。ジップロックコンテナの946mℓが便利。

保存期間

冷蔵保存で4〜5日ほど。

しいたけの甘辛煮

頻繁に食べるわけではないのですが、あると重宝するベース菜です。1度にたくさんの量を使わないので、いなり寿司の皮よりも少しだけ濃い味つけを目安に仕上げます。

ちらし寿司や手巻き寿司の具として使うのはもちろん、お弁当のおかずにもなります。私はうどんや冷麦などの麺類に合わせていただくことが多いですね。ちょっと加えるだけでアクセントがついて、味が変わってくるのです。

わざわざ作らなくても、台所仕事の合間にコトコト煮てください。たくさん煮たら、3号サイズの小さなポリ袋に小分けして冷凍します。

材料（作りやすい分量）

干ししいたけ…10枚
水…適量
A 砂糖…大さじ2
　みりん…大さじ2
　醤油…大さじ2

作り方

1 しいたけはかぶるくらいの水に漬けて戻し、石づきを取る。
2 鍋に1を漬け汁ごと入れて中火にかけ、しいたけがふっくらしてきたらAを加え、煮汁がなくなるまで煮詰める。
3 ポリ袋に入れ、冷凍室で保存する。

甘辛煮の型紙は
砂糖1:みりん1:醤油1

保存方法
3号（80×150㎜）のポリ袋に5枚ずつ小分けして保存する。

保存期間
冷凍保存で1か月ほど。自然解凍させて使う。

肉味噌

母から受け継いだ肉味噌は、麺や副菜をボリュームアップさせるベース菜。こってりとコクのある「豚ひき肉」が向いていますが、お好みに応じて淡白な鶏ひき肉を使ってもいいと思います。

おいしさの秘訣は、ひき肉の炒め方。フライパンにのせたらすぐにはほぐさず、しばらくかたまりのまま焼きつけます。そうすることで、お肉のうま味がギュッと閉じ込められるのです。

子どもの頃から中華麺に肉味噌をのせる「ジャージャー麺」が大好きでした。うどんや冷麦、パスタと和えてもおいしく、蒸し野菜や冷奴にのせると満足感のある副菜に仕上がります。

材料（でき上がり400g分）

豚ひき肉…200g
たまねぎ（みじん切り）…1個分
にんにく（みじん切り）…1片分
しょうが（みじん切り）…1片分
サラダ油…大さじ½
A 水…¼カップ
　鶏ガラスープの素（顆粒）
　…大さじ1
　味噌…60g
市販の焼肉のたれ…大さじ1

作り方

1 フライパンにサラダ油、にんにく、しょうがを入れて弱火にかける。香りが出たら、たまねぎを加えて中火で炒める。

2 たまねぎがしんなりしたらフ

米味噌、八丁味噌など
お好みの味噌でどうぞ

ライパンの片端に寄せ、空いたところに豚ひき肉をのせる。動かさずにのせたまましばらく焼き、焼き色がついて少しずつほぐれてきたら、たまねぎと合わせる。

3 2にAを加えて混ぜ、市販の焼肉のたれで味をととのえる。

4 ポリ袋に入れ、冷凍室で保存する。

保存方法
5号（100×190㎜）のポリ袋を使用。100gずつ小分けして保存する。

保存期間
冷凍保存で1か月ほど。自然解凍させて使う。

チキンライスの素

息子が大好きなチキンライス。部活や授業で夜遅く帰ってきたとき、好物のチキンライスを食べさせると上機嫌でした。でも、材料を切ったり、炒め合わせたりと、結構時間がかかるんですね。そこで考えついたのが、チキンライスのベース菜。缶詰のマッシュルームスライスを加えると、よりリッチな味わいになります。

解凍してごはんと混ぜ合わせれば、あっという間に「チキンライス」のでき上がりです。それを卵でぐるりと包めば「オムライス」、ホワイトソース(92~93ページ)をのせてオーブンで焼くと「ドリア」にアレンジできるのも楽しいでしょう。

材料(でき上がり600g分)

鶏もも肉(1cm大に切る)
…300g
たまねぎ(粗みじん切り)
…1個分
マッシュルームスライス(缶詰)
…1缶
バター(食塩不使用)…20g
サラダ油…大さじ1弱
A トマトケチャップ…大さじ2
　コンソメ(顆粒)…小さじ2
　パプリカパウダー…大さじ2
塩…小さじ1
胡椒…少々

作り方

1 フライパンにバターとサラダ油を入れて中火にかけ、たま

パプリカパウダーで
色味と風味をアップ

ねぎを炒める。

2　たまねぎが透き通ってきたらフライパンの片端に寄せ、空いたところで鶏もも肉を炒める。肉に火が通ったらマッシュルームスライスを加え、軽く炒める。

3　2にAを加えて混ぜ、塩、胡椒で味をととのえる。

4　ポリ袋に入れ、冷凍室で保存する。

保存方法

5号（100×190㎜）のポリ袋を使用。150gずつ小分けして保存する。

保存期間

冷凍保存で1か月ほど。自然解凍させて使う。

ホワイトソース

料理教室では、「ホワイトソースはダマができて失敗するから手作りしない」という若い生徒さんが多いことに驚きました。そこで考えたのが、初心者でも失敗しない作り方。牛乳を温めてからかき混ぜるとダマになりにくいです。

冷凍したホワイトソースは自然解凍させますが、解凍後、ボソボソとしてなめらかな状態でなかったら、牛乳でのばして使いましょう。

グラタン、ドリア、ラザニア、パスタのソース、シチューなど、主菜から副菜、スープまで、ホワイトソースがあるだけで、想像以上に料理の幅はぐんぐんと広がっていきます。

材料（でき上がり200g分）

有塩バター…20g
小麦粉…大さじ2
牛乳…2カップ
コンソメ（顆粒）…小さじ½

作り方

1 鍋に牛乳を入れて中火にかけ、沸騰させずに温め、まわりがプツプツしてきたら火を消す。

2 フライパンにバターを入れて弱火にかけ、焦がさないように溶かす。溶けてきたら小麦粉を加え、よく混ぜる。

3 フツフツと沸いてきたらボウルに移し入れ、1を一気に加えてかき混ぜる。

弱火でゆっくり火にかけて
きれいな白に仕上げて

4　2のフライパンに3を戻し入れて中火にかけ、コンソメを加えてとろみが出るまでかき混ぜる。

5　保存容器に入れ、冷凍室で保存する。

＊ボウルと泡立て器は金属製だと臭いがつくことがあるので、ボウルは耐熱性、泡立て器はシリコン製がおすすめ。

保存方法

フタがある保存容器を使用。においい移りは気にならないので、プラスチック製の容器でも大丈夫。ジップロックコンテナの591㎖が便利。

保存期間

冷凍保存で1か月ほど。自然解凍させて使う。

ミートソース

ベース菜の中でもミートソースだけは特別です。赤ワインやブラウンルーといった少しだけ贅沢な材料を使い、手間をかけて作ります。その分、お味は絶品です！

私は下記の量の何倍も1度に作るので、ミートソースは気合いを入れて作ります。たっぷり作ればストックしておけるので、慣れてきたら多めに作るといいと思います。娘も息子も大好きなので、おすそ分けに送ったりもします。

パスタのソースはもちろん、ホワイトソース（92～93ページ）と合わせて「ラザニア」をよく作りますが、おもてなしにも大好評です。

材料（でき上がり600g分）

合いびき肉…160g
赤ワイン…大さじ2
たまねぎ（みじん切り）…大1個分
にんにく（みじん切り）…1片分
しょうが（みじん切り）…1片分
サラダ油…大さじ2
A 水…1カップ
コンソメ（顆粒）…小さじ2
トマトピューレ…150g
市販のブラウンルー（またはシチュードボー）…20g
砂糖・塩…各小さじ1
ローリエ…1枚

作り方

1 ひき肉にワインをふりかける。
2 フライパンにサラダ油を入れて弱火にかけ、にんにくとしょうがを炒める。香りが出たら、たまねぎを加えて中火で

ひき肉はかたまりのまま
焼きつけてから、ほぐすこと

炒める。

3 油が回ったらフライパンの片端に寄せ、空いたところに1をのせる。動かさずにのせたまましばらく焼き、焼き色がついて少しずつほぐれてきたら、2と合わせる。

4 3にAを加えて弱火で煮詰める。肉の間から透き通った赤黒の油が出てきたらでき上がり。

5 ポリ袋に入れ、冷凍室で保存する。

保存方法
5号（100×190㎜）のポリ袋を使用。100gずつ小分けして保存する。

保存期間
冷凍保存で3か月ほど。自然解凍させて使う。

料理を作るときは喜ぶ顔を思い浮かべて

もう30年近く、「友の会」の料理講習の講師として、たくさんの方にさまざまな料理を教えています。

台所仕事がマンネリになってきたベテラン主婦の方には、かんたんでおいしいレシピの提案を、新米ママには、調理の基礎と時間の繰り回しの方法を、小学生の子どもたちに教えるときは、「好き嫌いをしなくなるように」という願いを込めて、食への興味をもてるような楽しい内容を伝えています。

みなさんに一番お伝えしたいのは、料理は

「食べる人の喜ぶ顔を思い浮かべながら作る」、その心が一番大切だということです。つまりは、「おもてなし」なのですね。

私たちは毎日のお食事で家族におもてなしをしているのです。何て素敵なことだと思いませんか。

今は家族がいたときのように、おいしそうに食べる笑顔を見ることはできません。だから、神さまはもっとたくさんの喜びの顔を見せてくださるために、料理講師やレシピ本執筆といったお仕事を与えてくださったのかもしれないと、そんなふうに思っています。

味の型紙という考え方

料理作りを面倒にしているのは「調味料」や「合わせ調味料」だと思います。目新しいドレッシングやソース、たれなどを買い揃えるのは楽しいもの。その気持ちは本当によく分かります。料理上手になった気がしてワクワクしますよね。

でも、なかなか使いこなせず、いつしか台所や冷蔵室の隅のほうに追いやられて……。やがては「使い切らなきゃ」と心の負担になり、振り回されてしまいます。

そこでぜひお伝えしたいのが、**「味の型紙」という考え方です。**

これは**食材のよさを活かした味つけがピタリと決まる、醤油、酢、みりん、塩、砂糖など「調味料の基本比率」**のこと。このシンプルでおいしい味つけをベースに、そこから次々と展開させていくほうが料理の幅は広がります。**料理のレパートリーを増やすために、たくさんの調味料は必要ないのです。**

今回ご紹介する「てりたれ」「甘酢」「中華たれ」の3つは、どれも日持ちするので、常備しておくとかなり便利。私は使い終えると作り継いで、切らさないようにしています。

これがあれば味が決まる

てりたれ、甘酢、中華たれ

「てりたれ」は、一発で味がピタリと決まる万能調味料です。しゃぶしゃぶ用の豚バラ肉を炒めて黒胡椒とガーリックパウダーをふり、ごはんにのせててりたれをかければ、あっという間に豚丼に。これが本当においしいこと！　焼いた鶏もも肉にからめたら焼き鳥風の一品になります。私は煮物にもよく使っています。

醤油ベース

「甘酢」は、寿司酢として重宝するだけでなく、大根なます（82～83ページ）、しょうがの甘酢漬けなど漬けものの漬け汁、野菜の和えものにも最適です。

市販の冷やし中華たれの甘さがどうしても好きになれなくて、自分で作り始めた「中華たれ」は、夏場は冷やし中華のたれとして愛用していますが、冷奴、サラダや温野菜にかけてもさっぱりとおいしくいただけます。

材料と作り方

これがあれば
味が決まる

てりたれ

［てりたれの型紙］
醤油　みりん
1：2

材料（作りやすい分量）
みりん…2カップ
醤油…1カップ

作り方
1　鍋にみりんと醤油を入れて強火にかけ、沸騰したら弱火にして半量になるまで煮詰める。途中、アクはこまめに取る。
2　保存容器に入れ、冷蔵室で保存する。

保存方法
市販の調味料が入っていたガラス製の瓶を煮沸消毒して再利用するのがおすすめ。液だれせず、使いやすい。

保存期間
冷蔵保存で6か月ほど。

甘酢

［甘酢の型紙］

酢	砂糖	塩
カップ	大さじ	大さじ
1	5	1

1：5：1

材料（作りやすい分量）

酢…1カップ
砂糖…大さじ5
塩…大さじ1

作り方

1　すべての材料をよく混ぜ合わせる。火にかけなくてもいい。

2　保存容器に入れ、冷蔵室で保存する。

保存方法

市販の調味料が入っていたガラス製の瓶を煮沸消毒して再利用するのがおすすめ。液だれせず、使いやすい。

保存期間

常温保存で6か月ほど。

中華たれ

［中華たれの型紙］

醤油		酢		砂糖		ごま油
4	:	2	:	1.5	:	1

材料（作りやすい分量）

醤油…大さじ4
酢…大さじ2
砂糖…大さじ1と½
ごま油…大さじ1
塩…ひとつまみ
胡椒…少々

作り方

1　すべての材料をよく混ぜ合わせる。火にかけなくてもいい。

2　保存容器に入れ、冷蔵室で保存する。

保存方法

市販の調味料が入っていたガラス製の瓶を煮沸消毒して再利用するのがおすすめ。液だれせず、使いやすい。

保存期間

冷蔵保存で3か月ほど。

かつお昆布だし、スープの素など市販品を愛用！

市販の調味料も積極的に活用しています。本当にいい調味料があれば、それだけで味がととのいます。私はかつお昆布だし、野菜スープやガラスープの素は市販品を愛用。また、低塩だし醤油が大好きで、30年くらい使い続けています。生醤油はお刺身や煮魚、てりたれなどに使う程度です。自分好みの市販品を見つけておくと、台所仕事がラクになりますよ。私の常備品をご紹介します。

1 野菜スープの素（ペック） 2 桃屋のキムチの素（株式会社桃屋） 3 ガラスープ（ユウキ食品株式会社） 4 化学調味料・保存料無添加 茅乃舎だし（久原本家 茅乃舎） 5 低塩だし醤油（鎌田商事株式会社） 6 ぽん酢醤油（鎌田商事株式会社）

砂糖、塩、味噌のお気に入り

砂糖はグラニュー糖にこだわって使っています。料理がきりっと仕上がりますし、アクが出ないのもいいですね。三温糖は料理の色が茶色っぽくなり、味もすっきりしないので、ほとんど使いません。

一方、塩はいろいろな種類をおもしろがって買っています。旅先やデパ地下で見つけると、つい（笑）。

味噌は米味噌と八丁味噌を常備。毎日お味噌汁をいただくわけではないので、たくさんは要らない。少量あれば十分です。

1グラニュー糖　2藻塩　3燻製塩
4昆布塩　5米味噌　6ハーブソルト
7わさび塩　8八丁味噌

4章 献立のくふう

トントントンと響く、小気味いい包丁の音。
千切りは切れ味のいい包丁で、テンポよく手際よく！

脱マンネリ！
主菜の調理法

「今日のメインのおかずは……」と悩んだ末、結局はいつものメニューという方が多いようです。お肉？　魚介？　と毎日考えるだけでも本当に大変。

主菜のマンネリ化を解消する秘策は、前日、前々日と「調理法が重ならないようにすること」です。いろんな調理法を取り入れると、同じ食材でもまったく違う料理になり、自然と変化がついてバラエティー感が生まれます。

なかなか手が出ない魚料理も、「生」と「蒸す」の調理法なら、気軽においしく組み入れられますよ。

下記の「主菜作りの展開表」は毎日の主菜作りをラクにする「力強い助け」になるので、ぜひ活用してください。

主菜作りの展開表

	ひき肉	鶏肉	豚肉	牛肉	魚介
生					お刺身のカルパッチョ
焼く	ごちそうハンバーグ				
炒める			しょうが焼き		
煮る				お台所すき焼き	
揚げる		油淋鶏（ユーリンチー）			
蒸す					蒸し魚と蒸し野菜の盛り合わせ
茹でる			茹で豚からし醤油添え		

よく作る、家族に人気のメインのおかずを書き込んでみましょう。展開表を手がかりに主菜を決める習慣をつければ、あれこれ悩まなくてすむようになります。

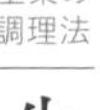

主菜の調理法

生

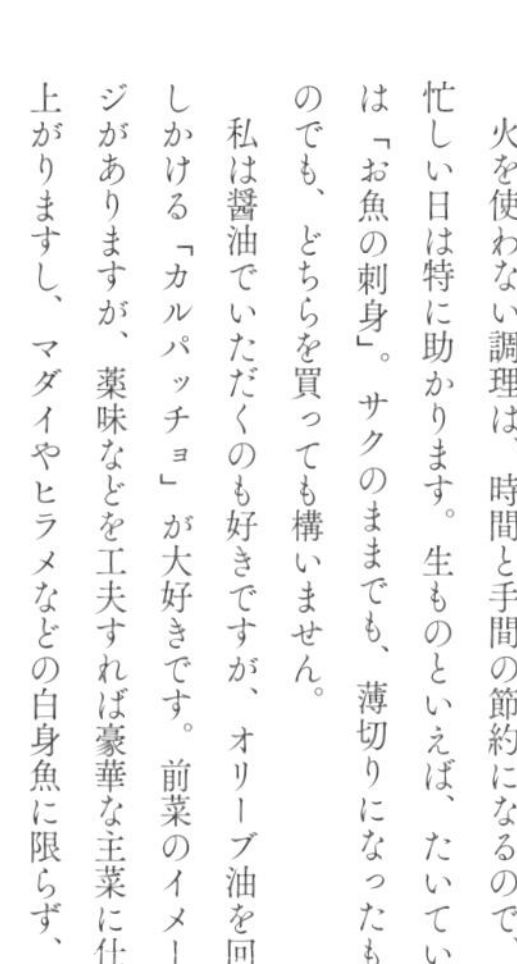

刺身用サクを使って

火を使わない調理は、時間と手間の節約になるので、忙しい日は特に助かります。生ものといえば、たいていは「お魚の刺身」。サクのままでも、薄切りになったものでも、どちらを買っても構いません。

私は醤油でいただくのも好きですが、オリーブ油を回しかける「カルパッチョ」が大好きです。前菜のイメージがありますが、薬味などを工夫すれば豪華な主菜に仕上がりますし、マダイやヒラメなどの白身魚に限らず、ホタテやタコ、赤身のマグロでもおいしいです。

食べる際はぽん酢やドレッシングなどをかけますが、ボリュームが欲しいときにはマヨネーズベースのソースにしてもいいでしょう。和食の発想から離れてみると、新しい味わいが広がります。

一方、数種類の刺身が少量ずつ入ったお刺身パックなら、「生ちらし寿司」や「お刺身丼」などオーソドックスな和メニューに展開するのがおすすめです。

お刺身のカルパッチョ

（↓材料と作り方147ページ）

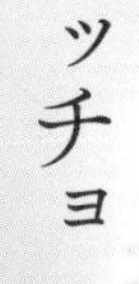

主菜の調理法

焼く

合いびき肉を使って

「焼く」というのは、素材の持ち味を引き出す、人類最古の調理法です。調理道具も多種多様にあり、フライパン、焼き網や魚焼きグリル、ホットプレート、オーブンなどが使えます。

私の場合、もっぱら「フライパン」と「魚焼きグリル」です。今はひとり暮らしなので、ホットプレートでワイワイと鉄板焼きをする機会は少なくなりました。時間のかかるオーブン調理はあまりしなくなって、代わりに食材を電子レンジにかけ、仕上げにオーブントースターや魚焼きグリルで焼き色をつけています。

フライパンで焼く定番料理といえば「ハンバーグ」。それから、「ステーキ」「鶏のてり焼き」「餃子」でしょうか。ハンバーグを焼きながら、空いたスペースでトマトにも火を通せば、それぞれの調理が同時進行します。この手間をかけずとも「ごちそう感」が演出できるのは、シンプルな調理法ならではのくふうです。

ごちそうハンバーグ

（↓材料と作り方148ページ）

主菜の調理法

炒める

豚肩ロース肉（しょうが焼き用）を使って

少量の油を使って、中火や強火で一気にサッと加熱するのが「炒める」で、中華料理の代表的な調理法です。炒めものは、料理が苦手な男性でも、1度くらいは作った経験があるでしょう。それほど身近な調理法ですが、手早く仕上げることが肝心です。

我が家の定番は「しょうが焼き」です。豚肩ロースだけでなく、豚ロースも使えます。

一般的なのは、豚肉をしょうが醤油に漬けておいて炒める方法ですが、私は先に豚肉に七分ほど火を通してから、よく混ぜたしょうが醤油をからめて手早く炒め、火を止めます。炒める時間はほんの1分ほど。そのほうがかんたんでおいしいと思っています。

炒める際、調味料は前もってよく合わせておくことをお忘れなく。そうすれば味にムラができません。料理ができ上がったら、余熱で火が通り過ぎてしまわないよう、アツアツのうちに器に盛ってくださいね。

しょうが焼き

（→材料と作り方149ページ）

主菜の調理法

煮る

牛こま切れ肉を使って

「煮る」は和食で最もポピュラーな調理法です。肉じゃが、かぼちゃの煮つけ、さといもの煮っころがしなど、副菜作りには欠かせないですね。

主菜を作るなら、短時間煮るだけの料理がいいでしょう。それなら「お台所すき焼き」がおすすめです。

お台所で調理をすませて食卓に出し、それぞれが取り分けるスタイルということから名付けました。最後に卵でとじてもいいですし、急いでいるときはごはんにのせて丼ものにも対応できる便利メニューです。

また、鶏手羽元やひと口大の鶏もも肉を醤油2：酢1：砂糖1：酒1の型紙でさっと煮る、「鶏肉のさっぱり煮」も私の十八番。たれがなくなるまで煮詰めるだけなので、手をかけることなくかんたんに作れます。

「煮込み料理」は時間がかかるので、なかなか機会がありません。例えばビーフシチューは特別な日のごちそう感覚。余裕のあるときに楽しむ贅沢メニューです。

お台所すき焼き

（↓材料と作り方150ページ）

主菜の調理法

揚げる

鶏もも肉を使って

「揚げものをすると、油の始末が面倒……」という声をよく聞きます。でも、「揚げる」という調理法と仲よくなったら、ものすごくレパートリーは広がるのです。見栄えがして、ボリュームがあって、複雑な味つけをしなくても、お塩をふって食べるだけでおいしい。家族にも喜ばれますし、何といってもかんたんです！

嫌な油の始末は、「油ポット」があれば解消されると思います。最近は油ポットを持っていない人が多いようですが、ぜひ利用してみてください。

私は子育て中には週1～2回は揚げものを作っていました。それが一番ラクだったから。日常的に揚げものをするようになると、油の始末に慣れてきますよ。

残った古い油はすぐに捨ててしまわずに、餃子を焼いたり、炒めものをしたりするといいのです。油の中にはこれまで揚げた素材のうま味がしみ出ていますので、奥行きのある深い味になります。

油淋鶏（ユーリンチー）

（→材料と作り方151ページ）

主菜の調理法

蒸す

甘塩ダラ(切り身)を使って

蒸し料理は、主菜の調理法としては、地味で淡白な印象でしょう。でも、白身魚の切り身を買ってきて、その隣に長ねぎや春菊など好きな野菜、きのこ、わかめ、豆腐などを添えて一緒に蒸すだけで、ボリュームアップして華やかなひと皿になります。

白身魚なら何でもOK。そのほかには鮭もおいしいですね。鶏肉や豚肉でも構いません。組み合わせを変えて、自在にアレンジしてください。

蒸しものは、調味がシンプルです。蒸す前に魚にちょっと塩と酒をふって下味をつけるくらい。蒸し上がったら、お好みのたれをつけて食べればいいだけです。それに蒸し水がなくならない限り、焦がす心配もないので、ほとんど失敗することがありません。

私はルクルーゼのスチーマーを愛用していますが、ルクエなどシリコン製のスチームケースがあれば、電子レンジで蒸し料理ができるので、より気軽ですね。

蒸し魚と蒸し野菜の盛り合わせ

（↓材料と作り方152ページ）

主菜の
調理法

茹でる

豚肩ロース肉（ブロック）を使って

食材を前にどう料理しようか悩んだら、「茹でる」の
が一番。潔く湯を沸かしましょう。

茹でたお肉、エビやイカ、タコなどの魚介類は、から
し醤油やぽん酢、マヨネーズ＋味噌、マヨネーズ＋醤油、
マヨネーズ＋塩辛などの特製マヨソースでいただきます。
それだけなのに味がピタリと決まります。

茹でるときの極意は、湯に塩と酒を加えること。一般
的な鍋（水2L程度）で茹でる場合、塩1つまみ、日本
酒大さじ1を加えます。塩は湯の沸点を上げるので、高
温で調理できますし、繊維をやわらかくします。日本酒
はおいしくなるおまじない。茹で豚などでお肉のくさみ
を抑えるときは、香味野菜も加えます。

私のお気に入りの茹で料理は、豚肩ロース肉の「茹
で豚」と、豚バラ肉の「冷しゃぶ」。茹でた豚バラ肉は、
水にさらさず、ザルにあげて自然に冷ますと、お肉のう
ま味が逃げ出しません。

茹で豚 からし醤油添え

（↓材料と作り方153ページ）

かんたん
千切り野菜の
副菜と汁もの

お肉やお魚でおいしい主菜は作ったけれど、あら、まぁ大変！「野菜が何もないじゃない！」という経験は、誰にでもあるでしょう。忙しいときほど、不足しがちなのが野菜です。

献立の中にバランスよく野菜を取り込めたら、食事はうまくいきます。そのためには、**副菜と汁ものは、「野菜をたっぷり食べるためのメニュー」**だと心得ましょう。

野菜は切り方によって味わいがガラリと変わってきます。薄切り、輪切り、拍子木切り……。いろんな切り方がありますが、私のイチオシは長さ3cmほどで幅1〜2mmの「千切り」です。

千切り野菜のメリットは、何といっても調理時間が短縮されること。大きく切った野菜を調理するより、何倍も早く火が通ります。ひと煮立ち程度でOK。それから、食べやすさ。子どもやお年寄りは、大きなものを噛むとくたびれてしまいますから。そして、形がきれいに揃っているから、見栄えがよく、美しいのです。

よく切れる包丁を使えば、たいした時間はかかりません。リズムにのって楽しく切れば、ストレス解消になるほどです。

副菜

塩昆布と合わせる

調味料に塩昆布を使って

千切り野菜を塩昆布で和えるだけ。2〜3分で完成する、とてもシンプルな副菜です。こうしたクイックレシピをレパートリーに加えておけば、いざというとき本当に役に立ってくれます。

この料理のポイントは、「塩昆布」。「料理の味がなかなか決まらなくて……」という声を多く聞きますが、塩昆布はそれだけで味つけが完成するスーパー調味料。昆布のうま味、醤油の風味、甘みと塩味がいい塩梅に合わさったスグレモノです。日持ちもするので、どんどん活用してください。

ここで覚えておいて欲しいのは、「かんたんと雑は違う」ということ。ピーマンもにんじんも「サッと塩茹でする」、そのひと手間をかけることで、独特の苦みが取れ、色落ちが防げます。

この手間を惜しんだらおいしさは半減し、単なる雑な料理になってしまうので要注意です。

ピーマンとにんじんの塩昆布和え

（↓材料と作り方154ページ）

汁もの

スープと合わせる

食感の異なる生しいたけも使って

いろいろな千切り野菜をコンソメスープと合わせるだけの汁ものです。いわゆる「煮サラダ」の感覚で、シンプルでかんたんなのにすごくおいしい。1食で75〜100gもの野菜が食べられます。

たとえば、じゃがいもとわかめの味噌汁などは、作るのに意外と時間がかかるもの。だから忙しい日は割り切って、インスタントに作れる汁ものでも十分こと足ります。千切り野菜だけでなく、生しいたけを加えると、食感のアクセントがついて食べやすくなりますよ。

また、わかめやあおさ、もずくなどの海藻や、豆腐や厚揚げ、油揚げなど、「最近、食べていないかも」と思う食材を加えてみてもいいでしょう。

それらすべてをスープの鍋の中に加えてひと煮立ちさせると完成です。

汁はコンソメスープに限らず、鶏ガラスープでも、お吸いものやお味噌汁でも、お好みのもので構いません。

スープと合わせるだけの千切り汁

（↓材料と作り方154ページ）

忙しい日の丼ものと麺もの

昔の話ですが、夕方近くまで外出する日は、決まって煮込み料理を準備していました。前日から煮込んでいるから、帰ってくると台所中ににおいが漂っていて、妙に鼻につくのですね。せっかく仕込んでおいたのに、結局は食べる気になれません。

そのうちに煮込み料理はやめて、お刺身を買って帰ったり、ホットプレートで鉄板焼きをしたりするようになりました。これなら帰宅してから用意しても、さほど時間はかかりません。

それはそれで助かったのだけれど、鉄板焼きをすると食卓がものすごく汚れます。食事の準備は手際よく進む。でも、後片づけに時間と手間を費やす羽目になりました。いつしか、「私の生活には合わないな……」と思い始めました。

そして、**パパッと作れる「丼もの」と「麺もの」にたどり着いた**のです。要するに、**忙しい日に重宝するのは、ひとつの器で完結する、準備も後片づけもかんたんな料理**だったのですね。

こうしてさまざまな変遷を繰り返しながら台所仕事と向き合って、子育て中の忙しい日々を乗り切ってきました。

5分で完成

冷凍ごはんを使って

子育て中、「丼もの」で乗り切った時期は、結構長かったです。子どもは待ったなしでしょう。「お腹がすいた！」の大合唱を聞きながら調理するのはストレスだから、5分くらいの調理時間で完成する丼ものには、本当に助けられました。

私は今でも出かけた日の夕飯は、「冷凍ごはん」を解凍している間に、具を準備するだけの丼ものが一番ラクだと思っています。

子どもが食べ盛りの頃には、ステーキ用の牛肉を焼いてのせる「ステーキ丼」が大活躍していました。上等なお肉でなくていいのです。ごはんの上にちぎった海苔と、バターで好きな加減に焼いたステーキをのせるだけ。コクを出したければ、焼くときににんにくをプラスします。

牛肉は豚肉と違って完全に火を通さなくても大丈夫だから、急いでいるときには重宝します。

かんたんステーキ丼

（↓材料と作り方155ページ）

10分で完成

茹でうどんを使って

乾麺だと茹でるのが面倒だけれど、「茹でうどん」や「冷凍うどん」を使えばお手軽でしょう。そんな麺を使ってあっという間にできるのに、豪華な見栄えでおいしいのが、「鍋焼きうどん」です。

具は鶏肉、かまぼこ、麩、お好きな野菜、そして、ベース菜のしいたけの甘辛煮（86〜87ページ）などを。

それから、エビの天ぷらの代わりに、エビと「揚げ玉」を使います。エビの横に揚げ玉をおくと、食べるときに天ぷら風を味わえます。これはぜひ覚えておいて欲しいアイデアです！

最後に卵をぽとりと割り入れて煮込むと完成です。10分もあるとできるだけでなく、家族が喜んで食べてくれる頼もしい助っ人メニューなのです。

ちなみに、揚げ玉はおそば屋さんに行くと、いただけることがあります。すぐに使わない場合は、油焼けを防ぐために、ポリ袋に入れて冷凍保存しておきましょう。

具だくさんの鍋焼きうどん

（→材料と作り方156ページ）

1週間の夕飯献立

月曜日

冷凍室にストックしてある豚肩ロース肉で
男性や子どもが大好きな主菜をサササッと調理

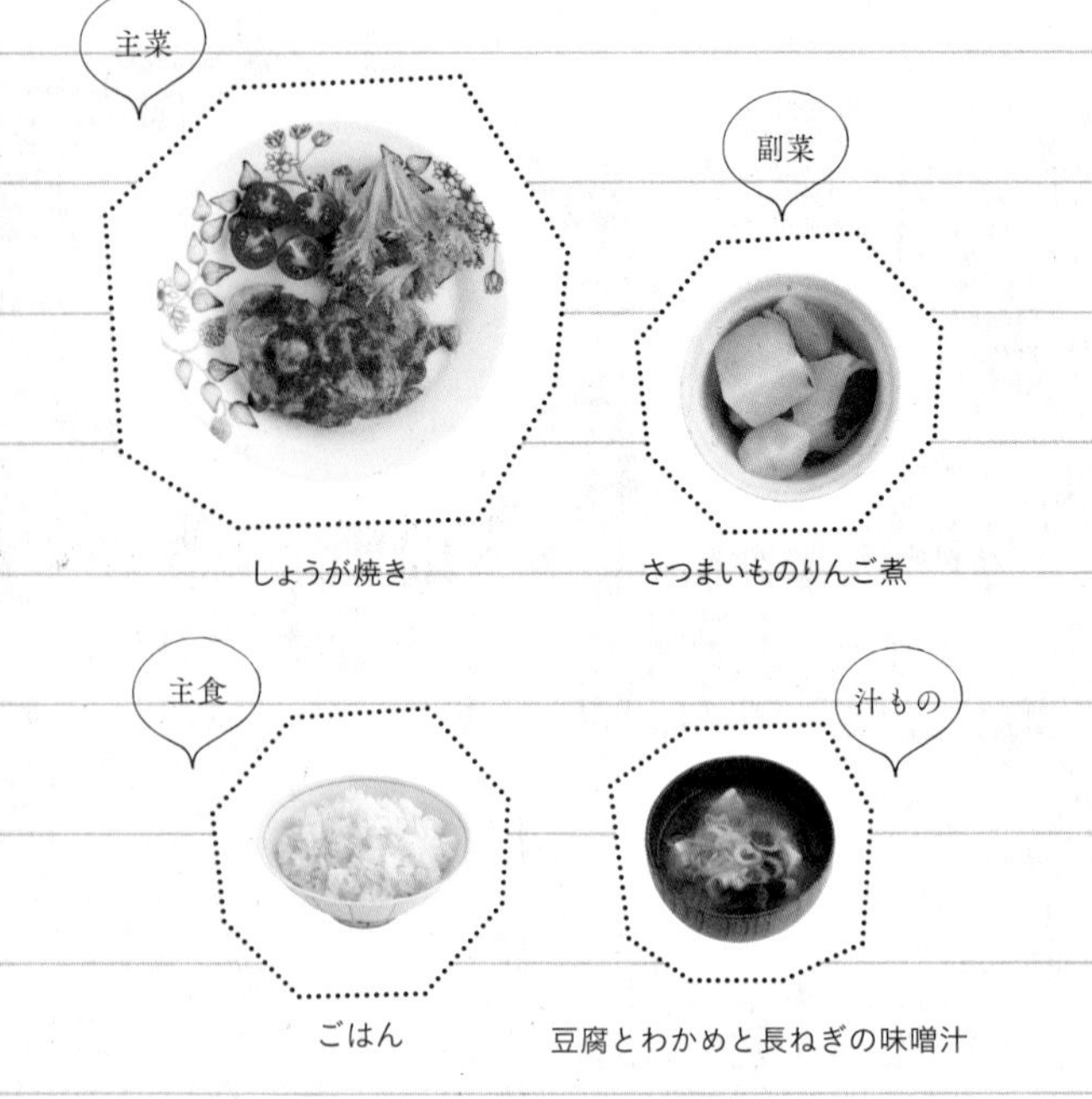

しょうが焼き

さつまいものりんご煮

ごはん

豆腐とわかめと長ねぎの味噌汁

Memo ボリューム満点のしょうが焼きには、具だくさんの味噌汁と甘煮の副菜を組み合わせます。「さつまいものりんご煮」は、食べやすく切ったさつまいもとりんごを水と砂糖とバターで煮るだけ。多めに作って冷蔵室でストックしておくと重宝します。

火曜日

味気ないパック入りのお刺身でも
アイデア次第で豪華な主菜に早変わり

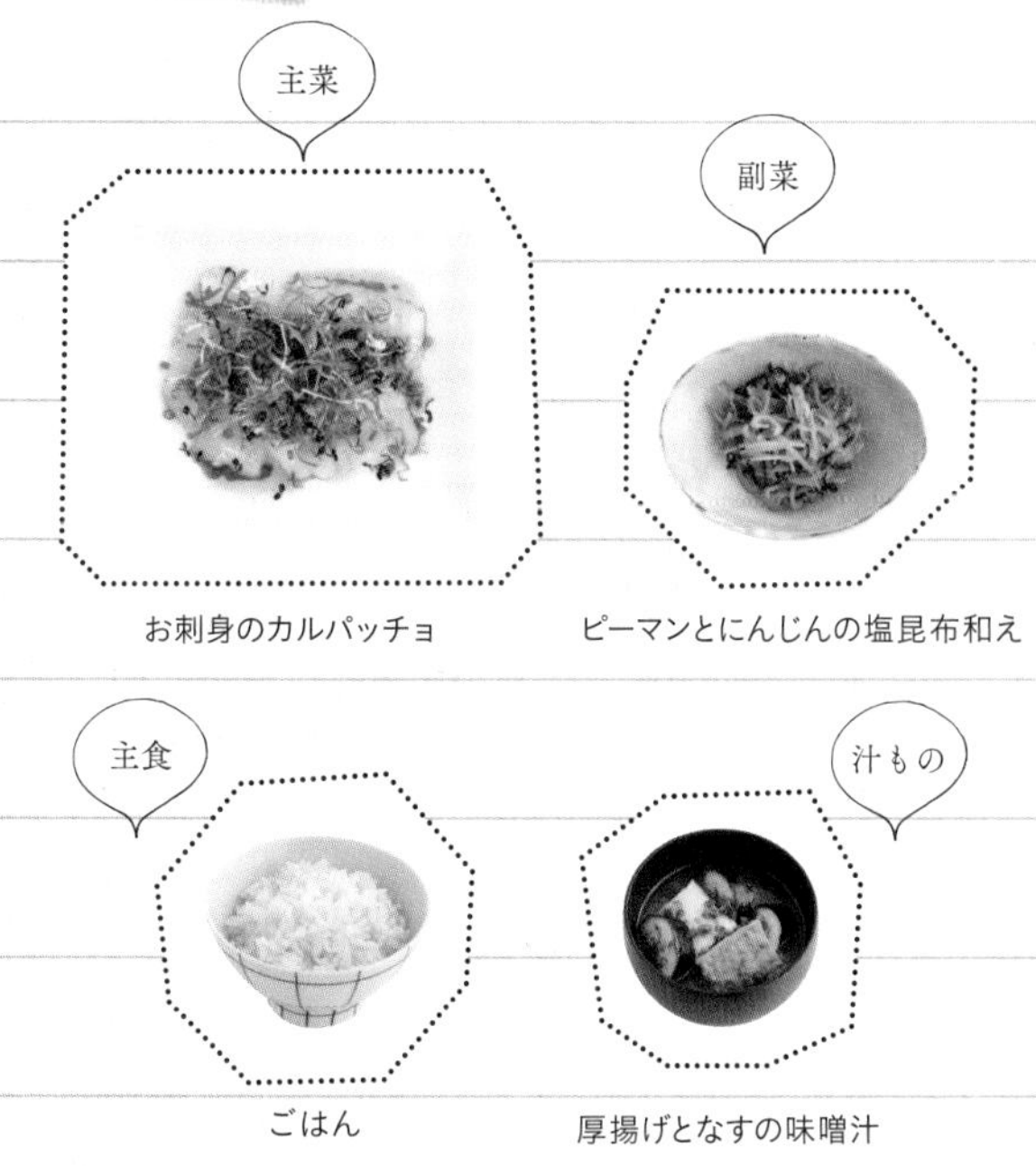

お刺身のカルパッチョ

ピーマンとにんじんの塩昆布和え

ごはん

厚揚げとなすの味噌汁

Memo 淡白な白身魚のカルパッチョと塩昆布和えには、食べ応えのある味噌汁を合わせます。若い方でカルパッチョだけではもの足りないと感じるなら、ソースにマヨネーズをかけたりしてコクをプラスしてもいいでしょう。ずいぶんと印象が変わってきますよ。

水曜日

冷蔵室にある野菜、豆腐やしらたき、ベース菜、冷凍ごはんをフル活用

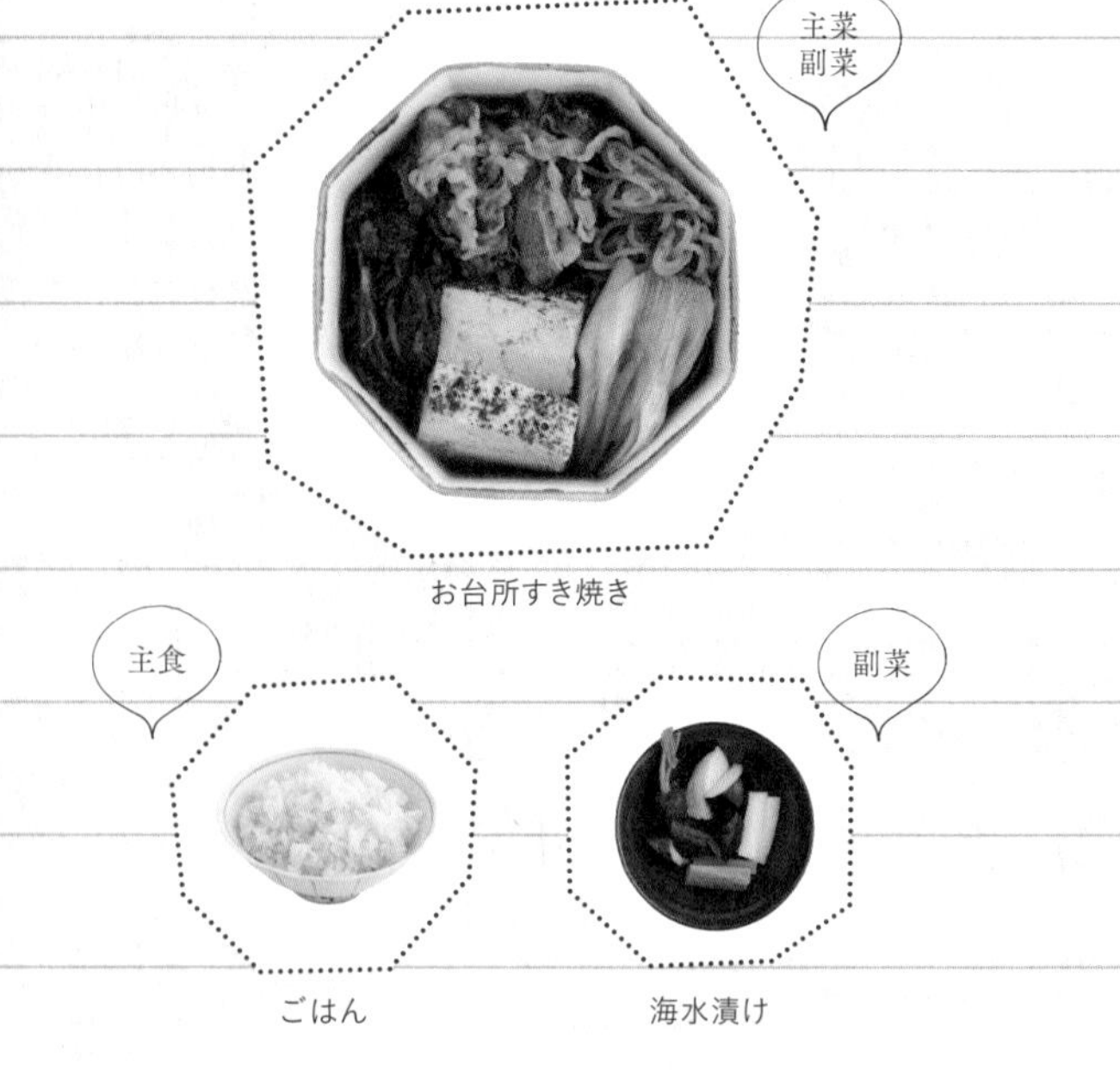

お台所すき焼き

ごはん

海水漬け

Memo 食卓に卓上コンロを用意して……、となると一気に面倒くさいと思いますが、台所で煮込むだけのすき焼きなら、かんたんです。後はベース菜の海水漬けを器に盛り、冷凍ごはんを解凍するだけ。ラクして十分おいしい夕飯ができ上がります。

木曜日

お魚と野菜を一緒に蒸してスピード調理
時間をかけなくても、おいしい!

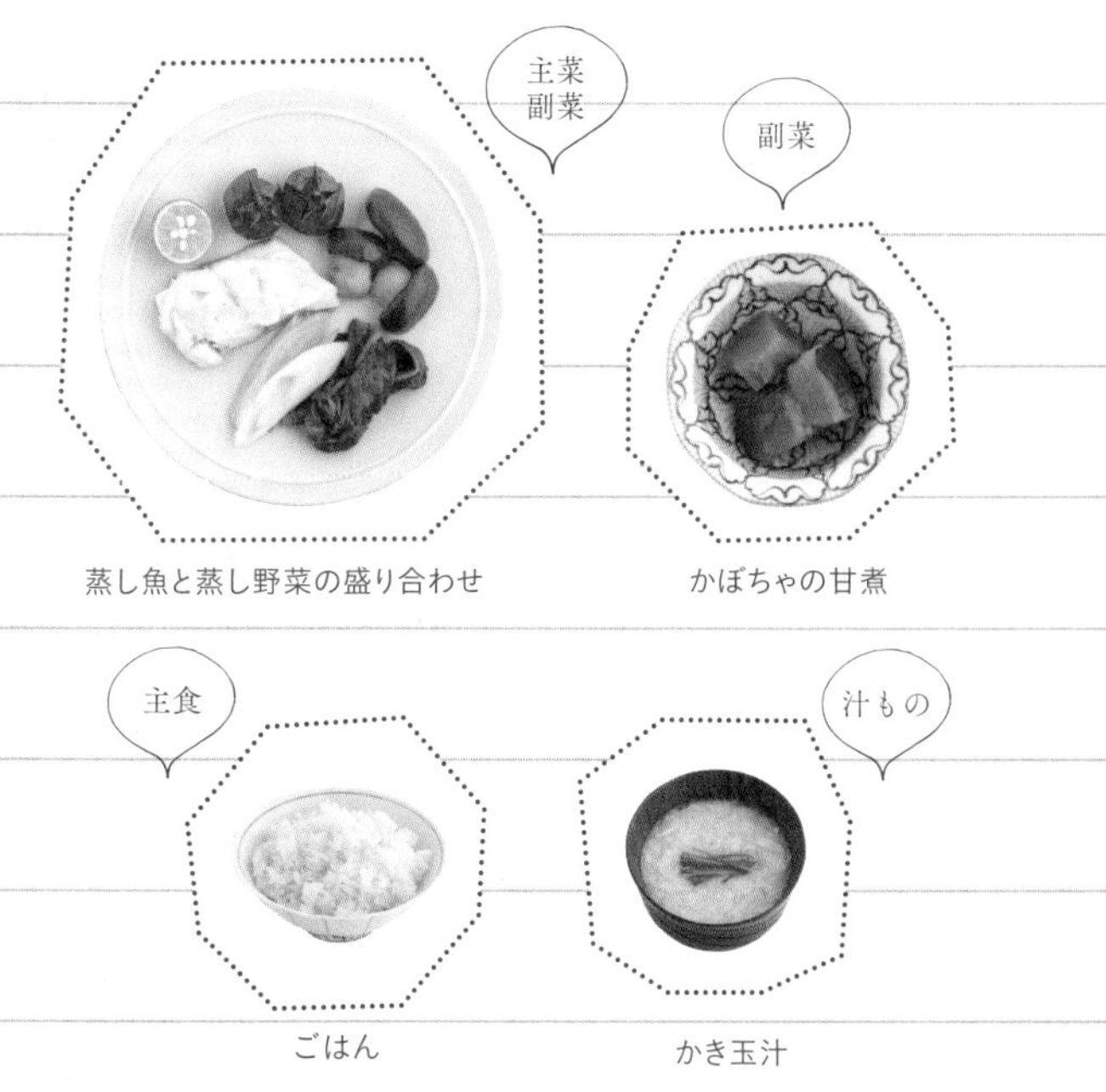

Memo 味と栄養と色のバランスを考えて、野菜の甘煮とかき玉汁を組み合わせます。「かぼちゃの甘煮」は、食べやすく切ったかぼちゃを水と砂糖と塩で煮るだけの王道レシピ。「かき玉汁」は、だしと醤油ベースのすまし汁に溶いた卵を加えるだけで作れます。

金曜日

疲れていても、パパッと
バランスのいい3品献立が手早く完成!

簡単ステーキ丼

トマト&たまねぎのドレッシング漬け

スープと合わせるだけの千切り汁

Memo そろそろ献立に悩みそうな金曜日。主菜と主食が合体したごはんもの+副菜+汁もの=3品献立を覚えておけば、手抜きに見えるどころか、かえって家族に大喜びされる夕飯が作れます。こんなときにはベース菜が本当に頼りになるのですね。

土曜日 ワンプレートに盛りつけて休日らしいスペシャルな楽しさを演出

ごちそうハンバーグ

コーンスープ

Memo 休日は主婦だってのんびり過ごしたいですよね。いつもの料理でも、大きめのプレートに盛り合わせれば、雰囲気が変わってワクワクした食卓が演出できます。「コーンスープ」は、クリーム状のコーン缶と牛乳を混ぜ、仕上げにバターを加えれば完成です。

日曜日

時間に余裕のある日曜日
普段は敬遠しがちな揚げものに挑戦

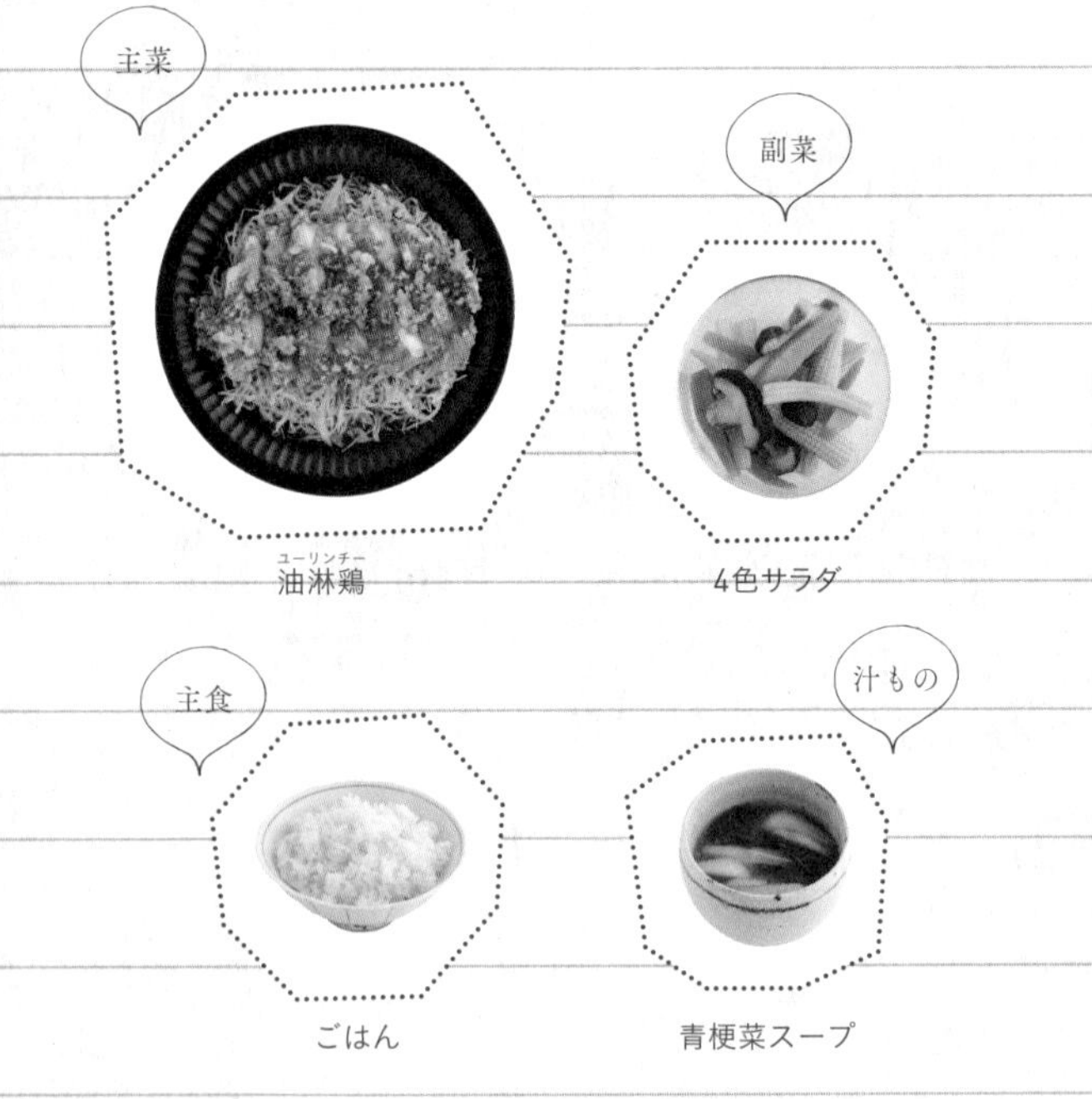

油淋鶏(ユーリンチー)

4色サラダ

ごはん

青梗菜スープ

Memo 揚げものに組み合わせるのは、野菜たっぷりメニューです。「4色サラダ」は、茹でたにんじんと生しいたけ、セロリ、缶詰のヤングコーンを塩とごま油で和えたもの。「青梗菜スープ」は、鶏ガラスープに青梗菜を加えて作る中華風です。

おまけ

楽しいお食後

果物ヨーグルト

（→材料と作り方157ページ）

「お食後」とは食後の軽いデザートのことで、これはもう別腹ですよね。心の贅沢だと思って、大目にみて楽しくいただいております。

お食後には、胃に負担の少ないあっさりしたものが向いています。私は季節の果物を楽しみにしていて、旬のものをいただくだけで満足です。

少しボリュームが欲しいときには、果物にヨーグルトを合わせます。そうすると、満足感はあるのに、さっぱりとおいしく食べられます。

リッチに仕立てたいときは、ヨーグルトに生クリーム少量を混ぜ合わせると、それだけでずいぶんとコクのある洋風デザートに変身するのですよ。

子どもたちが小さいときには、果物の缶詰をフルーツポンチ風に仕立てたり、ジュースをかためただけのゼリーを手作りしたりしていました。

家族と一緒でも、ひとりでも、お食後の時間は、ホッとひと息つける幸せで豊かなひとときです。

材料と作り方

生もの

お刺身のカルパッチョ

（↓写真113ページ）

材料（2人分）

刺身用サク（マダイなど）
…150g

薬味
万能ねぎ（小口切り）、青じそ（細切り）、みょうが（細切り）、しょうが（細切り）、あればタデ…各適量

オリーブ油…大さじ1

ソース（よく混ぜる）
ぽん酢…大さじ3
柚子胡椒…小さじ2

作り方

1 刺身用サクは食べやすい薄さのそぎ切りにし、器に並べる。

2 薬味をちらし、オリーブ油を回しかける。

3 食べる際にソースをかける。

焼く

ごちそうハンバーグ

（→写真115ページ）

材料（2人分）

A
合いびき肉…200g
たまねぎ（みじん切り）…½個分
パン粉…½カップ
牛乳…¼カップ
卵…½個
塩…小さじ½
黒胡椒、ナツメグパウダー
…各2ふり
トッピング
トマトの輪切り…2枚
溶けるチーズ…40g

つけ合わせ
ブロッコリー（塩茹で）…適量
じゃがいも（食べやすく切る）
…適量
揚げ油…適量
バターライス（ごはん2膳に対し10gのバターを混ぜる）…2膳分
黒胡椒…適量

作り方

1 ボウルにAを入れて粘りが出るまでよくこね、2等分にして空気を抜きながら成形する。
2 フライパンを熱して中火にかけ、1、トマトの輪切りの両面を焼く。
3 ハンバーグの上に溶けるチーズ、焼いたトマトの輪切りをのせてフタをし、チーズが溶けたらでき上がり。
4 器に盛り、黒胡椒をふったバターライス、ブロッコリー、揚げ油で揚げたじゃがいもを添える。

炒める

しょうが焼き

（↓写真117ページ）

材料（2人分）

豚肩ロース肉（しょうが焼き用）…200g
サラダ油…大さじ½
A（よく混ぜる）
　醤油…大さじ2
　しょうが（すりおろし）…大さじ1と½
　酒…大さじ1
　砂糖…大さじ½
つけ合わせ
プチトマト（半分に切る）…4個分
プリーツレタス（食べやすくちぎる）…適量

作り方

1　フライパンにサラダ油を熱して中火にかけ、豚肩ロース肉が重ならないように並べ入れ、両面をさっと焼く。中まで火が通らなくてもよい。

2　Aを加えて豚肉にからめ、汁けが少し残るまで火を入れる。

3　器に盛り、プチトマト、プリーツレタスを添える。

煮る

お台所すき焼き

（→写真119ページ）

材料（2人分）

牛こま切れ肉（食べやすく切る）…200g
長ねぎ（斜め厚切り）…1本分
春菊（かたい茎を切り落とし、半分に切る）…½把分
焼き豆腐（4等分に切る）…½丁分
しらたき（食べやすく切る）…½パック分
割り下
だし汁…¾カップ
酒…¼カップ
醤油…¼カップ
砂糖…大さじ3～4

作り方

1 浅鍋に割り下の材料を入れて強火にかけ、ひと煮立ちさせる。
2 牛こま切れ肉、野菜類、焼き豆腐、しらたきを加えて中火にかけ、味がしみるまで煮る。
3 浅鍋のまま食卓に出し、食べる際に取り分ける。

揚げる

油淋鶏（ユーリンチー）

（→写真121ページ）

材料（2人分）

鶏もも肉…1枚
塩…小さじ⅓
酒…大さじ½
片栗粉…適量
揚げ油…適量
甘酢ソース（よく混ぜる）
　長ねぎ、しょうが
　（みじん切り）…計大さじ2
醬油…大さじ2
砂糖…大さじ½
酢…大さじ½
ごま油（または辣油）…小さじ½
つけ合わせ
　レタス（千切り）…適量

作り方

1　鶏もも肉の厚い部分に切り込みを入れ、塩、酒をふって下味をつけ、30分ほどおく。

2　1の水けをふき、片栗粉をまんべんなくたっぷりとつけ、余分な粉はたたき落とす。

3　フライパンに揚げ油を高温（180〜190℃）に熱し、皮目を下にして2を入れ、表面がかたまったら火を弱めてゆっくりと揚げる。

4　いったん鶏肉を取り出し、揚げ油を高温に上げて再びさっと揚げる。

5　器にレタスを敷き、食べやすく切った4を盛り、甘酢ソースをかける。

蒸す

蒸し魚と蒸し野菜の盛り合わせ

（↓写真123ページ）

材料（2人分）

甘塩ダラ…2切れ

※魚に塩味がなければ、塩1つまみずつふる

酒…大さじ2

プチトマト…4個

春菊（かたい茎を切り落とし、半分に切る）…½把分

長ねぎ（斜め厚切り）…10cm分

しめじ…6本

つけだれ（よく混ぜる）

ぽん酢…適量

七味唐辛子…適量

お好みでスダチのしぼり汁…1個分

作り方

1 甘塩ダラに酒をふって下味をつけ、20分ほどおく。

2 蒸し器に1、野菜類、しめじを入れて強火にかけ、火が通るまで7〜8分蒸す。

3 食べる際につけだれをつける。

茹でる

茹で豚 からし醤油添え

（→写真125ページ）

材料（2人分）

豚肩ロース肉（ブロック／繊維に逆らって半分に切る）…500g

A
長ねぎの青い部分…1本分
にんにく（つぶす）…1片分
しょうが（薄切り）…1片分
塩…1つまみ
日本酒…大さじ1

つけ合わせ
長ねぎ（白い部分／細切り）
きゅうり（細切り）…各適量
からし醤油…適量

作り方

1 鍋に豚肩ロース肉がかぶる程度の水を入れ、Aを加えて（豚肉はまだ加えない）強火にかける。

2 水が50〜60℃（指を入れてすぐ手を引く程度の温度）になったら豚肉を加え、沸騰したら弱火にして30〜40分茹でる。

3 器に食べやすく切った2を盛り、長ねぎときゅうりを合わせて添え、食べる際にからし醤油をつける。

副菜

ピーマンとにんじんの塩昆布和え

（↓写真129ページ）

材料（2人分）

ピーマン…3個
にんじん…20g
塩昆布…20g

作り方

1 ピーマンは繊維に逆らって千切りにする。にんじんは繊維に沿って縦の薄切りにした後、繊維に沿って千切りにする。

2 鍋に湯を沸かして塩適量（分量外）を入れ、1を加えてさっと熱湯にくぐらせる。色止めのため水に取って冷やし、水けをよくきって、塩昆布で和える。

汁もの

スープと合わせるだけの千切り汁

（↓写真131ページ）

材料（2人分）

きゅうり、にんじん、たけのこ、長ねぎ（すべて千切り）、生しいたけ（薄切り）
…計150g
コンソメスープ…2カップ
※水2カップにコンソメ（顆粒）小さじ2を溶かしたもの

作り方

鍋にコンソメスープを入れて沸騰させ、千切り野菜と生しいたけを加えてひと煮立ちさせる。

丼もの

かんたんステーキ丼

（↓写真135ページ）

材料（2人分）

ごはん…2膳分
焼き海苔（食べやすくちぎる）…½枚分
ステーキ用牛赤身肉（ランプなど）…1枚（150〜200g）
塩、胡椒、ガーリックパウダー…各適量
バター…15g
醤油…大さじ2
酒…大さじ2

トッピング
青ねぎ（小口切り）…適量
ホースラディッシュ（すりおろし）…適量

作り方

1 ステーキ用牛赤身肉に塩、胡椒、ガーリックパウダーをふって下味をつける。

2 フライパンにバターを熱して中火にかけ、1の両面を焼き、お好みの焼き加減で取り出す。

3 フライパンに出た肉汁に醤油、酒を加え、さっと煮る。

4 丼にごはんを盛って焼き海苔をちらし、食べやすく切った2をのせ、3のたれを回しかける。青ねぎをちらし、ホースラディッシュをのせてでき上がり。

麺もの

具だくさんの鍋焼きうどん

（↓写真137ページ）

材料（2人分）

茹でうどん…2玉
麺つゆ（かけうどんの濃さによる）…3カップ
具
鶏もも肉（食べやすく切る）…60g
エビ…大2尾
揚げ玉…適量
かまぼこ…4切れ
麸…4切れ
しいたけの甘辛煮（86～87ページ）…2枚
長ねぎ（斜め切り）…適量
小松菜（食べやすく切る）…適量
卵…2個

作り方

1 1人前ずつ作る。ひとり用の鍋に茹でうどんを入れ、その上に具をのせ、真ん中に卵を割り入れる。エビの横に揚げ玉をおくと、食べるとき天ぷら風になる。

2 麺つゆを注いで弱火にかけ、具に火が通ってフツフツと沸いてきたらでき上がり。

おまけ

果物ヨーグルト

（↓写真145ページ）

材料（2人分）

柿（食べやすく切る）…1個分

A（なめらかになるまで混ぜる）

プレーンヨーグルト

…100g

レモン汁…小さじ1弱

砂糖…大さじ1弱

お好みで生クリーム

…大さじ1

トッピング

あればミント…適宜

作り方

器に柿を盛り、Aをかけ、あればミントを飾る。柿とAを和えた後、しばらくおいてから食べてもおいしい。

私の暮らしを振り返ったとき、決して強いこだわりをもって生きてきたわけではありません。その代わり、いつもそのときどきに、「一番したい、私の暮らし」に向き合い、その暮らしを追い続けてきたことを思い出しました。

私の憧れは「献立表のある暮らし」でした。子育て中には、「どうしたら、夕食は午後6時にできるかしら？」とくふうを重ねたり、「家事は嫌いじゃないけれど、1日中、家事に追われている暮らしは嫌……」と思ったり、「毎日、作る人は楽しく、そして、食べる人のおいしい笑顔が揃う食卓にしたい」と願ったり。

そして、子どもたちが独立し、夫が天国に旅立ちひとりになった今、「本当に私のしたい暮らしは？」と今日も考え続けています。

生活は「意識」することが大事です。日々動いていますから、今日はこれが都合よくても、明日になれば、「やっぱり、こちらのほうがよかったかしら？」の連続です。

人それぞれ、異なる暮らしの中では、「私はどんな暮らしをしたいと思っているのか?」と問い続け、その答えを見つけていくことこそが最も大切なのではないかと感じます。どんなにたくさん、ステレオタイプな家事ノウハウを習得しているより、「考えるクセと力」を身につけているほうが幸せになれるのではないかと思うのです。自問自答の答えを見つけたとき、毎日はググッと前進していきます。

最初にこの本のお話しをいただいたとき、「足立さんの生活の中にある、献立作りのくふうや知恵を読者に伝える内容にしたい」と編集者の松尾麻衣子さんは熱心におっしゃっていました。なんだか私の生活が丸裸にされるような気がして躊躇したのですが、松尾さんの熱意と、ライターの本村範子さんのお人柄に触れて、心が決まりました。

この本が読者のみなさまのお役に立ちましたら、こんなにうれしいことはありません。関わってくださったすべてのみなさま、どうもありがとうございました。

足立洋子
（あだちひろこ）
1951年北海道函館市生まれ。自由学園女子最高学部卒業。「全国友の会」の〝料理の達人〟として、30年以上、小学生や新米ミセスにむけた料理教室、講習の講師をつとめる。「かんたんがおいしい」をモットーにした料理は、幅広い層の支持を得ている。著書に『かんたんがおいしい！』『やっぱりかんたんがおいしい！』（ともに新潮社）。
足立洋子オフィシャルサイト
http://adachihiroko.info/

本書は『スーパー主婦・足立さんの台所仕事 献立作りの「小さなくふう」』（2015年小社刊）を再編集し、文庫化したものです。本書の記載は2015年の情報に基づいております。

マイナビ文庫

献立作りの「小さなくふう」

2024年2月25日　初版第1刷発行

著　者　足立洋子
発行者　角竹輝紀
発行所　株式会社マイナビ出版
〒101-0003　東京都千代田区
一ツ橋2-6-3 一ツ橋ビル 2F
TEL　0480-38-6872（注文専用ダイヤル）
TEL　03-3556-2731（販売部）
TEL　03-3556-2735（編集部）
MAIL　pc-books@mynavi.jp
URL　https://book.mynavi.jp
印刷・製本　中央精版印刷株式会社

○定価はカバーに記載してあります。
○落丁本、乱丁本はお取り替えいたします。お問い合わせはTEL：0480-38-6872（注文専用ダイヤル）、または電子メール：sas@mynavi.jpまでお願いいたします。
○内容に関するご質問は、編集3部2課までメールにてお問い合わせください。

ISBN 978-4-8399-8509-7

写真／中林香
スタイリング／庄司桃子
デザイン／鈴木あづさ（細山田デザイン事務所）
イラスト／松尾ミユキ
構成／本村範子（本村アロテア事務所）
調理アシスタント／辻村晴子
撮影協力／石山美和子